www.tredition.de

AF204233

Thomas Oehler

Der Weihnachtsmann kam mit dem Hubschrauber

Zurück aus einer anderen Welt

www.tredition.de

© 2020 Thomas Oehler

Verlag und Druck: tredition GmbH, Halenreie 40-44, 22359 Hamburg

ISBN
Paperback: 978-3-347-03590-4
Hardcover: 978-3-347-03591-1
e-Book: 978-3-347-03592-8

Für all die Menschen,
die mich auf meinem Weg
begleitet, unterstützt und
im Bedarfsfall
wieder aufgerichtet haben.

Inhaltsverzeichnis

Vorwort der Gefährtin

Vorwort der Gefährtin

Als wir uns kennenlernten, waren wir beide in einer ähnlichen Situation. Wir waren beide gleichermaßen sehr unglücklich mit einem langjährigen Arbeitgeber. Ich war fünfundzwanzig Jahre bei einem großen kirchlichen Träger für Sozialarbeit angestellt und Tom seit dreißig Jahren Soldat.

In meinem bisherigen Leben hatte ich keinerlei Kontakt zum deutschen Beamtentum oder zu Soldaten. Die Bundeswehr kannte ich lediglich durch die Jungs aus meiner „Jugend Clique". Alle hatten sie seinerzeit den Wehrdienst verweigert oder sich für „nicht tauglich" erklären lassen. Über den bundeswehrtypischen Jargon in Dienstanweisungen haben wir uns gerne lustig gemacht. So zum Beispiel, dass „der Soldat ab einhundertdreißig Zentimeter Wassertiefe selbstständig mit Schwimmbewegungen beginnen solle".

In meinem basisdemokratischen Umfeld in den Siebzigern des vergangenen Jahrhunderts waren Begriffe wie „Befehl und Gehorsam" vollkommen deplatziert. Für Frauen sowieso, denn für Frauen öffnete sich die Bundeswehr erst Jahrzehnte später. In dieser Zeit hätte ich mir nicht vorstellen können, mit einem Soldaten enger befreundet zu sein - ganz zu schweigen davon, einen zu heiraten.

Es kam - gottlob - anders. Als sich vor zehn Jahren die Beziehung zu einem alleinerziehenden Vater entwickelte, begann mich das Leben eines Soldaten zu interessieren. Ich fragte viel, weil einfach vieles anders war, als ich es aus meinem bisherigen Leben kannte. Tom erzählte von seinen zahlreichen Umzügen, von den vielen Schulen, die er besucht hatte. Es gab so viele Stationen in seinem Leben, dass ich sie bis heute nicht in die richtige Reihenfolge bringen kann. Ich konnte mir einfach nicht vorstellen, wie es wäre, wenn man alle drei Jahre seine Sachen packt und quer durch die Republik oder sogar ins Ausland zieht. Wie die Familie mit einem neuen Umfeld zurechtkommt oder was Kinder dabei fühlen, Freunde aufgeben zu müssen.

Ich selbst bin zwar auch einige Male umgezogen, dabei aber stets in derselben Region geblieben. Es war mir zeitlebens immer möglich, meine Kontakte und Netzwerke zu pflegen.

Aufgefallen ist mir insbesondere Toms merkwürdige Sprache. Es gab Ausdrücke und Formulierungen, die ich in meinem Leben - zumindest in den von ihm genannten Zusammenhängen - noch nicht gehört hatte. Besonders abstoßend empfand ich den Begriff „Verwendung", den er im Zusammenhang mit seiner Personalplanung häufiger erwähnte. Er fand anfangs nichts dabei, dass er auf einem „Dienstposten verwendet" wurde, als sei er eine für irgendeinen Gebrauch bestimmte Sache. Mittlerweile meidet er diesen „Bundeswehr-Sprech".

Ich habe verstanden, dass Tom sich zu Zeiten des „Kalten Kriegs" für den Dienst in einer Verteidigungsarmee verpflichtet hat. Dass auch persönliche Gründe dabei eine Rolle gespielt haben, ist in diesem Zusammenhang zu vernachlässigen. Fakt ist, dass er in der Überzeugung gehandelt hat, das Richtige zu tun und einen wichtigen Beitrag leisten zu können. Irgendwann haben sich allerdings wesentliche Rahmenbedingungen geändert, die in einem „normalen" Beschäftigungsverhältnis zumindest die Anpassung des bestehenden Arbeitsvertrages erfordert hätten. Ich möchte das mal mit einem Brettspiel vergleichen, bei dem im Spielverlauf die Regeln geändert werden. Das Spiel wird keinen sinnvollen Verlauf mehr nehmen können.

Nun kann man natürlich anführen, dass es nicht nur bei der Bundeswehr so etwas wie den Wandel gibt. Anpassung sind überall zwingend, wenn sich die Rahmenbedingungen verändern. Auch ich habe in meinem beruflichen Umfeld einen gravierenden Wandel erlebt. Die Kirche hat sich in meiner Wahrnehmung immer weiter von ihren seelsorgerischen Wurzeln, von ihrer Funktion als Anwältin der Armen und Schwachen entfernt und wirtschaftliches Denken in den Vordergrund gestellt. Damit bin auch ich nicht wirklich zurecht gekommen.

Die Welt hat sich in den Neunzigerjahren des vergangenen Jahrhunderts grundlegend verändert. Das konnte auch an der Bundeswehr nicht spurlos vorbei gehen. Nur war in diesem Fall die Kommunikation schlecht. Der Soldat gehorcht halt. Kündigen oder Aussteigen, weil einem die neuen Regeln nicht mehr gefallen, war nie eine Option. Wie auch, wenn man keinen zivilen Beruf erlernt hat und nicht wieder von ganz vorne anfangen möchte.

Wir haben viel und lange darüber diskutiert, wie wir - jeder für sich - aus dieser Malaise herauskommen würden. Wie wir wieder etwas Erfüllung in unserer Arbeit finden könnten. Ich habe letztendlich den Arbeitgeber gewechselt und Tom hatte das Glück, vorzeitig in den Ruhestand gehen zu dürfen.

Bei unseren intensiven Gesprächen ist mir eines aber ganz klargeworden. Uns verbinden keine Einzelschicksale. Das Phänomen der Entfremdung im Arbeitsleben und der folgenden inneren Kündigung betrifft nicht nur uns. Es ist ein weit verbreitetes Schicksal. So entstand die Idee, Toms Geschichte aufzuschreiben.

Eine Begebenheit, die meine äußerst zivile Einstellung zum Soldatenberuf verdeutlicht, möchte ich noch erwähnen. Tom fuhr üblicherweise von unserer gemeinsamen Wohnung aus mit dem Fahrrad zu seinen Dienstorten in Köln und Bonn. Aus diesem Grund trug er ausschließlich die dafür geeignete Funktionskleidung. Erst vor Ort hat er sich umgezogen. An seinem letzten Arbeitstag hatte er seine Uniform bereits angezogen, bevor er losfuhr. Bei seinem Anblick entfuhr mir spontan die Bemerkung: „Jetzt sehe ich dich zum ersten Mal in deinem Kostüm."

Als Karneval affine Rheinländerin war mir diese Bezeichnung einfach näher und passender.

1. Auserwählt

Die Frage trifft mich vollkommen unvorbereitet: *„Na, wie ist denn so das Rentnerleben?"* Der junge Mann lächelt mich freundlich an, und ich bin mir sicher, dass er vollkommen arglos ist. Eigentlich ist er ein ganz netter Kerl. Mein Sohn ist seit der Schulzeit mit ihm befreundet. Er hat vermutlich nicht die geringste Vorstellung davon, was er gerade angerichtet hat. Aus seiner Sicht war es nur ein harmloser Konversationsversuch - aber nun bin ich in Alarmstimmung. Unverzüglich wechsle ich in den Rechtfertigungsmodus.

Nein, ich bin kein Rentner - zumindest nicht das, was man langläufig darunter versteht. Also keiner von denen, die nach Erreichen einer Altersgrenze zwanghaft irgendwie sinnvoll beschäftigt werden müssen. Die jungen Studenten den knappen Platz in den Hörsälen der Universitäten streitig machen oder in der Warteschlange vor der Supermarktkasse mittags, abends und an den Wochenenden, meist vor den Berufstätigen, herumlungern. Selbstverständlich bin ich auch noch viel zu jung dafür, einfach nichts mehr zu tun. Aber es ging alles so schnell und ich brauche noch etwas Zeit, um mich an dieses neue Leben zu gewöhnen.

Meinen Ruhestand - auch kein schönes Wort - hat mir ein neues Gesetz mit der etwas sperrigen Bezeichnung: „Streitkräfte-Personalstruktur-Anpassungsgesetz" kurz „SKPersStruktAnpG" ermöglicht. Mit dessen Hilfe sollte die sogenannte Neuausrichtung der Bundeswehr unterstützt werden. Für einige wenige Privilegierte bedeutete dies, dass sie ab dem fünfzigsten Lebensjahr vorzeitig aus dem „aktiven Dienst" ausscheiden durften. Beantragen konnte man das allerdings nicht. Aus rein „dienstlichem Interesse" würde man gezielt angesprochen, hieß es nach der Veröffentlichung im Bundesgesetzblatt - und ich wurde angesprochen.

Ich bin erst 53 Jahre alt und befinde mich im vorzeitigen Ruhestand. Das sind die Fakten. Vor mir liegt die einmalige Chance, etwas Neues anfangen zu können. Etwas, das ich schon immer tun wollte, sobald ich mit dem Arbeiten aufhören würde. Künftig kann ich mir den Luxus erlauben, ohne Fremdbestimmung, frei von Sachzwängen, meine Lebensentscheidungen zu treffen. Ich darf nun meine Fähigkeiten und mein Potenzial so einsetzen, wie ich es gerne möchte. Und vor allen Dingen, würde ich meine Arbeitszeit flexibel und frei gestalten können.

Das alles versuche ich dem jungen Mann zu erklären, ohne dass dabei der Eindruck entsteht, ich müsste mich rechtfertigen. Für mich selbst klingt das alles absolut glaubwürdig und überzeugend. Nur, es ist ein normaler Wochentag und ich liege am frühen Nachmittag mit der Zeitung auf dem Sofa. Ich sehe aus wie ein typischer Rentner.

Wie bin ich nur hierher gekommen? Gut, das mit dem Sofa kann ich noch erklären, aber meine Verwandlung nicht. Nur wenige Wochen sind seit diesem Anruf vergangen, der mein Leben verändern sollte.

Ich saß in meinem Büro und das Telefon klingelte. Im Display sah ich die Rufnummer von P. Im dienstlichen Leben eines Soldaten (insbesondere dem des Berufssoldaten) gibt es eine entscheidende Instanz, die über sein oder ihr dienstliches Wohlergehen entscheidet. Das ist der zuständige Personalreferent. Er entscheidet im Wesentlichen über Verwendung und Versetzung. Der Einfachheit halber und weil es eigentlich keine Rolle spielt, wer in Persona an diesen Schalthebeln sitzt, nenne ich ihn (in meinem Fall waren es noch ausnahmslos Männer) im Folgenden nur P. Weil ich nun Gespräche mit P nicht zu den erfreulichen Episoden in meinem dienstlichen Leben zähle, war ich spontan in Alarmbereitschaft.

„Wenn Sie einverstanden sind, würden wir Sie bis zum Ende des Jahres vorzeitig in den Ruhestand schicken", war seine zentrale Botschaft an mich. Mein Blick flog zum Kalender, es war Mitte November. Als ob er mich dabei beobachtet hätte, fügt er hinzu: "Wenn es Ihnen zu schnell geht, können wir Ihr Los auch zurück in die Trommel werfen. Aber ob wir Sie noch einmal ziehen, ist eher unwahrscheinlich." Wer wirft denn die halbe Million zurück in den Topf, in der vagen Hoffnung die Ganze gewinnen zu können? Meine Antwort kam hastig und ein wenig gepresst: "Ich mach's." Eigentlich wäre an dieser Stelle ein Luftsprung angezeigt gewesen, aber meine Füße waren wie am Boden festgedübelt. In meinem Kopf war nur noch weißes Rauschen. Was hatte ich getan?

Viel Zeit zum Nachdenken blieb mir allerdings nicht. In nur wenigen Wochen musste mein Übergang ins zivile Leben vollzogen sein. Von der häufig gepriesenen Fürsorge meines Dienstherrn war in dieser Phase allerdings wenig zu spüren. Alle Informationen, die für einen angehenden Ruheständler wichtig gewesen wären, wie zum Beispiel die Höhe der Versorgungsbezüge oder die Aktivierung der Krankenversicherung, musste ich mir selbst beschaffen. Meine Frage nach einem Seminar, das die Bundeswehr anlässlich der Vorbereitung auf das Dienstzeitende anbietet, wurde mit dem lapidaren Hinweis auf die in meinem Fall zu knappe Zeit zurückgewiesen. Ich konnte noch nicht einmal ein hilfreiches Merkblatt aus dem bundeswehreigenen Intranet herunterladen, weil mir die entsprechende Berechtigung fehlte. Natürlich wollte ich die Bundeswehr gerne verlassen, aber ich wollte nicht vor die Tür gesetzt werden wie ein lästiger Kneipenbesucher.

Dann war er da, mein letzter Arbeitstag. Er kam wie alle Arbeitstage zuvor und verlief vollkommen unspektakulär. Ich habe mich nur von einigen wenigen Kameraden, Kolleginnen und Kollegen verabschiedet.

„Da geht er, der Auserwählte", riefen mir die Kameraden ein wenig neidisch hinterher. Einige hatten - inspiriert durch mein Beispiel - ebenfalls mit einem vorzeitigen Ruhestand kokettiert. Bis zu diesem Zeitpunkt war ich jedoch der einzig Erfolgreiche. Eine offizielle Verabschiedung hatte ich abgelehnt. Kein kurzer Abriss meines dienstlichen Werdeganges, die Aufzählung meiner Dienstposten gekrönt von lobenden Worten über Verdienste und herausragende Leistung. Auch kein Wappen mit Messingschild: „Zur Erinnerung an - was auch immer" und keinen Gutschein für den großen Buchladen um die Ecke. Bei keiner Gelegenheit wird derart heftig gelogen wie bei Beerdigungen oder Verabschiedungen. Welche ehrlichen Worte hätte ich in dieser Situation auch erwarten können? „Oberstleutnant O. hat seine Karriere als Alleinerziehender begraben. Ohne dienstliche Perspektive bleibt es nun ihm und dem Dienstherrn erspart, noch weitere sieben Jahre auf das Ende seiner Dienstzeit zu warten".

Ich habe den letzten Umzugskarton in meinem Auto verstaut, mein Büro abgeschlossen, meinen Ausweis und den Schlüssel abgegeben. Ein letztes „man sieht sich" und ich war durch die Pforte. Keine Fanfare, kein Tusch, kein besonderes Glücksgefühl. Auf dem Heimweg deponierte ich mein letztes dienstliches Gewand noch im Altkleidercontainer.

Das soll es jetzt gewesen sein? 35 Dienstjahre sind einfach vorbei wie ein böser Traum? Was ist aus dem damals 18-jährigen geworden, der in Roth bei Nürnberg seinen Dienst als Offiziersanwärter angetreten hat? Gilt am Ende doch nur der häufig strapazierte Spruch: "Ich war jung und brauchte das Geld." Sicher, der Gedanke an ein Studium bei vollem Gehalt war verlockend. Endlich auf eigenen Füßen stehen zu können, ohne den Eltern weiter auf der Tasche zu liegen. Aber aus reinem Opportunismus wird man mit Sicherheit nicht Soldat.

Ich erinnere mich daran, dass ich bei meinem Einstellungsgespräch seinerzeit angegeben hatte, unser demokratisches Gesellschaftssystem im Extremfall auch mit der Waffe verteidigen zu wollen. Das erschien mir durchaus plausibel. Als Jugendlicher hatte ich während eines Verwandtschaftsbesuchs in der rumänischen Heimat meiner Mutter eine sozialistische Diktatur erlebt. Dass selbst in den eigenen vier Wänden, die Stimme gesenkt wurde, wenn nicht „systemkonform" gesprochen wurde, war ein einschneidendes Erlebnis für mich.

Und nach allem, was wir seit der Wiedervereinigung Deutschlands wissen, war die Bedrohung unserer freiheitlich demokratischen Grundordnung durch die Staaten der Warschauer Vertragsgemeinschaft durchaus real. Der Dienst in der Bundeswehr - so kontrovers er damals auch in der Öffentlichkeit diskutiert wurde - bot mir die Möglichkeit, „Vaterlandsliebe" mit rein persönlichen Motiven in idealer Weise verknüpfen zu können.

Aber auf dem langen Weg bis zu meiner Entlassung wurden irgendwann die Spielregeln geändert. Meine Demarkationslinie verlief entlang der Elbe, durch die Rhön, den thüringischen und den Bayerischen Wald, aber definitiv nicht durch den Hindukusch. Der Kalte Krieg war vorbei und mit ihm wurde auch das Motto: „Kämpfen können um nicht kämpfen zu müssen", begraben. Viele Kameraden meiner Generation hat dieser Wandel verstört. Nicht weil wir die Veränderung der sicherheitspolitischen Landschaft nicht wahrgenommen hätten, sondern weil die Änderungen in den „Geschäftsbedingungen" nicht kommuniziert wurden.

Ein erster Blick zurück eröffnet mir lediglich ein unscharfes Bild. Ich bin nicht in der Lage, meine Dienstzeit in der Bundeswehr abschließend einschätzen zu können. Viele schöne Erinnerungen stehen zahlreichen bitteren Erfahrungen und Enttäuschungen gegenüber. Allzu leicht entsteht dabei der Eindruck, dass früher alles besser war. Wenn sich aber zum - wenn auch vorzeitigen - Ende des Berufslebens keinerlei Wehmut einstellen will, muss doch irgendetwas falsch gelaufen sein. Wenn sich all das, was anfangs einmal gut gewesen ist, im Laufe der Zeit ins

Schlechte verkehrt hat und nur noch die Freude darüber bleibt, dass endlich alles vorbei ist, dann stellt sich doch zwangsläufig eine Frage: Was ist passiert? Mit der Erkenntnis, vor mehr als drei Jahrzehnten eventuell einen Riesenfehler gemacht zu haben, kann und will ich mich nicht abfinden. Ich brauche Antworten.

2. Wurzelsuche

Meine Suche beginnt im Geäst meines Stammbaums. Dabei beschäftigt mich insbesondere die Frage, ob ich bei meiner Berufswahl einer familiären Tradition gefolgt sein könnte. Hat mein Vater, der ja Berufssoldat gewesen ist, in irgendeiner Weise Einfluss genommen oder habe ich wirklich frei entscheiden können?

Selbstverständlich gibt es typische Soldatenfamilien, in denen sich die Berufswahl für die (bislang) männlichen Angehörigen ausschließlich auf den Militärdienst fokussiert. Über viele Generationen hinweg sind aus ihnen verdiente Offiziere hervorgegangen. Die Namen der für den Kriegsdienst Untauglichen wurde eher schamhaft verschwiegen. Es ist eine eigene Welt mit einer eigenen Sprache, die in ihrer früher häufig verzerrenden Semantik Begriffe wie den des Heldentodes prägen konnte. In der „Ahnengalerie" hängt an prominenter Stelle die metallisch glänzende Daguerreotypie des Ururgroßvaters, der an vorderster Front erfolgreich gegen Napoleon gekämpft haben soll. Die Bilderserie wird vervollständigt durch die Phalanx von Ritterkreuzträgern aus zwei Weltkriegen und die Gründerväter der Bundeswehr. Mittlerweile sind die eher fragwürdigen Werte aus früherer Zeit gegen zeitgemäße ersetzt worden. Geblieben ist lediglich der Ehrgeiz der Söhne, ihre Väter karrieretechnisch überflügeln zu wollen.

In meiner Familie vermag ich ein derartiges Traditionsverständnis nicht zu erkennen. Selbst die akribische Suche in den feinsten Verästelungen unseres Stammbaumes fördert fast ausschließlich Schuhmacher, Gastwirte, Lehrer und Kaufleute zutage. Beleg für die einzige Ausnahme hiervon ist eine Schwarzweißfotografie im Fotoalbum meiner Großmutter. Sie zeigt einen schneidigen jungen Mann in der schmucken Uniform der k.u.k. Armee.

Der Großonkel Janni sei an einem Kriegsleiden gestorben, wurde gerne kolportiert. Spätere Nachfragen ergaben jedoch, dass ihn die Syphilis dahingerafft hatte. Ansonsten wurde man in meiner Herkunftsfamilie nur im Kriegsfall zum Militärdienst herangezogen und starb dann eher unfreiwillig als Soldat.

Meinen Großvater väterlicherseits habe ich nie kennengelernt. Als Oberlehrer war er in der alteingesessenen badischen Gastwirtsfamilie eher eine Fehlfarbe. Der Umstand, dass er meinen Vater auch in der Schule unterrichtete, war für diesen eher von Nachteil. Das Anspruchsniveau muss besonders hoch gewesen sein. Im Übrigen favorisierte meine Großvater Otto die körperliche Züchtigung als wesentliches Element der Erziehung. Respekt und Autorität verschaffte sich damals wohl nur derjenige, der auch gefürchtet wurde. Überliefert ist mir allerdings auch die tiefe Abneigung meines Großvaters gegen das Militär und die nationalsozialistischen Umtriebe zu jener Zeit. Den Beitritt meines Vaters zum Jungvolk duldete er nur unter dem damals üblichen „gesellschaftlichen Zwang", verbot ihm aber zuhause das Tragen der Uniform.

Ein einziges Mal hatte es wohl so etwas wie ein offenes Gespräch zwischen Vater und Sohn gegeben. Als sich mein Großvater Otto verabschiedete, um seinen Kriegsdienst als Sanitätssoldat anzutreten, soll er meinen Vater zum ersten Mal wie einen Erwachsenen behandelt haben. Er übertrug dem damals Dreizehnjährigen die Verantwortung für die Familie. Nur wenige Wochen darauf verstarb mein Großvater in einem Feldlazarett bei Freising an Typhus. Dass der gerade begonnene Dialog in seiner neuen Qualität nicht mehr fortgesetzt werden konnte, darunter hat mein Vater zeitlebens gelitten. Als einziger „Mann" im Matriarchat seiner damaligen Familie war mein Vater nach Kriegsende dafür verantwortlich, aus den Trümmern der durch Bomben zerstörten Heimat ein neues Heim zu bauen. Für eine Aufarbeitung der psychischen Folgen des Krieges blieb keine Zeit.

Die Familie meiner Mutter gehörte zur Volksgruppe der Banater Schwaben. Angelockt durch allerlei finanzielle Anreize und Landversprechungen durch die österreichische Kaiserin Maria Theresia, verließen im 18. Jahrhundert viele verarmte Handwerker und Bauern ihre Heimat in Franken, der Pfalz, dem Elsass und Lothringen, um auf dem Balkan ihr Glück zu suchen. Dort besiedelten sie das heutige Grenzgebiet zwischen Ungarn, Serbien und Rumänien und begannen unverzüglich mit der Kolonialisierung dieser rückständigen Region. Die Banater Schwaben lebten über zwei Jahrhunderte wie die Maden im Speck, bis sie gegen Ende des Zweiten Weltkriegs vor der herannahenden Sowjetarmee flüchteten oder später vom kommunistischen Regime Rumäniens in die Baragan-Steppe deportiert wurden.

Mein Großvater Hans kam seiner unausweichlichen Einberufung in die rumänische Armee zuvor. Seine Meldung als sogenannter Einjährig-Freiwilliger eröffnete ihm zumindest eine minimale Gestaltungsoption im Hinblick auf seinen Kriegsdienst. Die Standardwaffen meines Großvaters waren in der Folgezeit Lineal und Bleistift und sein Einsatzraum die Schreibstube. Worauf er keinen Einfluss hatte, war, dass alle Volksdeutschen, die in der rumänischen Armee dienten, gegen Kriegsende von der SS-Division „Prinz Eugen" assimiliert wurden. Deren vordringliche Aufgabe war die Partisanenbekämpfung auf dem Balkan. Dort kam es dann auch zum einzigen Kampfeinsatz meines Großvaters. Als Partisanen den Zug, mit dem seine Kompanie in Richtung der bosnischen Grenzstadt Gradiska verlegte wurde, nachts angegriffen, schoss er mehrfach durch die geöffnete Waggontür nach draußen. Dass er dabei jemanden ernsthaft verletzt haben könnte, darf als unwahrscheinlich gelten. Nachdem der Balkan für das Deutsche Reich allmählich verloren ging, erhielt mein Großvater noch einen wahren „Ritterkreuz-Auftrag". Er sollte in Südtirol nach dem Verbleib eines verschollenen Güterwaggons mit Wehrmachtsbekleidung forschen. Das tat er mit großer Hingabe, äußerst gewissenhaft und erfolglos. Allerdings verschaffte er sich auf diese Weise, zumindest zeitweise, eine sichere Distanz zum mörderischen Treiben auf dem Balkan. Ob dies ein bewusster Plan oder einfach nur Glück war, ist mir nicht bekannt.

Im April 1945, kurz vor Kriegsende, traten die Reste seiner Kompanie mit einem der letzten Lazarettzüge von Gradiska aus den Rückzug Richtung Heimat an. Zwei Wochen dauerte die Fahrt über Triest und Udine bis zur südlichen Einfahrt des Tauern-Tunnels. Dort war die Reise zu Ende. Der Krieg war mittlerweile vorüber, und die Amerikaner, die den nördlichen Tunnelausgang blockiert hatten, ließen niemanden mehr passieren.

Nachdem er des nervtötenden Wartens überdrüssig geworden war, machte sich mein Großvater zusammen mit einem Kameraden zu Fuß auf den beschwerlichen Marsch über die Hohen Tauern. Es gelang den beiden tatsächlich, sich unbemerkt an den Amerikanern vorbei zu schleichen und südlich von Rosenheim deutschen Boden zu erreichen. Dort allerdings wurden sie von einem Bauern, in dessen Scheune sie die Nacht verbracht hatten, an die Besatzungstruppen verraten. Das Denunzieren steckte wohl in manchem Deutschen so tief drin, dass es auch nach Kriegsende noch praktiziert wurde.

So geriet mein Großvater Hans, quasi auf der Zielgeraden, doch noch in Kriegsgefangenschaft. Etwas mehr als ein Jahr verbrachte er in den amerikanischen Internierungslagern von Hohenfels, Plattling und Bad Aibling. Zahlreiche Briefe, die er in dieser Zeit geschrieben hat, belegen, wie sehr er unter der Trennung von seiner Familie gelitten hat.

Die Frauen und Kinder meiner großelterlichen Familie nutzten einen der letzten Flüchtlingstrecks und verließen fluchtartig ihre Heimat. Über zahlreiche Zwischenstationen in Serbien, Österreich, der damaligen Tschechoslowakei und Bayern gelangten sie schließlich in eine neue Heimat im nordbadischen Mingolsheim.

3. Begegnungen

Die Zufälligkeit der eigenen Existenz ist für mich in der Rückschau fast ein wenig erschreckend. Wie gering war doch die Wahrscheinlichkeit, dass es zu den Begegnungen kam, die für meine Menschwerdung grundlegend waren. Jemand, dessen irdisches Dasein nicht durch Weltkrieg, Flucht und Vertreibung sowie der Herkunft aus völlig unterschiedlichen Milieus beeinflusst worden ist, kann das vermutlich nicht nachvollziehen.

Das Zusammentreffen meiner Eltern stand eigentlich unter keinem besonders guten Stern. Im Nachkriegsdeutschland beherrschten oft Ressentiments das Verhältnis zwischen der alteingesessenen Bevölkerung und den Flüchtlingen. Letztere standen in dem Ruf, in ihrer verlorenen Heimat über die Maßen privilegiert und wohlhabend gewesen zu sein. Folglich war die Bereitschaft, das Wenige des Nachkriegsalltags mit ihnen zu teilen, nicht sehr ausgeprägt. So erklärt sich auch, dass der Zustrom von Millionen entwurzelter Ostpreußen, Schlesier, Sudetendeutscher, Siebenbürger Sachsen und Banater Schwaben keine Welle der Hilfsbereitschaft auslöste, sondern häufig nur Missgunst und Ausgrenzung förderte.

Diese bedrückende Erfahrung machte anfangs auch die Familie meiner Mutter. Nach einer langen Flucht fanden Großmutter, Mutter und zwei Töchter, als Angehörige der niederen „Flüchtlings-Kaste", Unterschlupf in einem ehemaligen Bahnwärterhäuschen. „Habenichtse" war eine der harmloseren Bezeichnungen, an die sich meine Mutter als damals Dreizehnjährige noch lange erinnern sollte. Die zugewiesenen Quartiere waren häufig von allem beweglichen Mobiliar geräumt und wurden erst nach und nach, im Zuge vertrauensbildender Maßnahmen, wieder komplettiert. Die Vervollständigung der Familie hingegen sollte bis zur Entlassung meines Großvaters Hans aus der Kriegsgefangenschaft noch einige Wochen in Anspruch nehmen.

Meine Heimatstadt Bruchsal wurde noch kurz vor Kriegsende durch schwere Bombenangriffe nahezu vollständig zerstört. Dabei verlor die Familie meines Vaters zwar Heim und Besitz, behielt aber wenigstens ihre Heimat und das soziale Umfeld. In der Nachkriegszeit konnte man sich daher auf den Aufbau einer neuen Existenz konzentrieren. Den Fundus für die Errichtung eines neuen Heims bildeten dabei die Trümmer des ausgebrannten großelterlichen Gasthofs „Zum Löwen", die zunächst geborgen und dann neu zusammengesetzt werden mussten. Drei Jahre lang waren alle familiären Aktivitäten auf den Hausbau fokussiert. Dabei achtete das familiäre Matriarchat sorgsam darauf, dass mein Vater bei der Realisierung dieses ambitionierten Projektes nicht zu sehr abgelenkt wurde.

Die Lebenslinien meiner Eltern kreuzten sich erstmals in der Oberschule. Sie besuchten zwar unterschiedliche Klassen, trafen aber regelmäßig im Schulchor aufeinander. Von einer „Liebe auf den ersten Blick" konnte im eigentlichen Sinne nicht die Rede sein. Es war eine eher schleichende und behutsame Form der Annäherung. Meine Mutter äußerte später einmal sogar, dass sie die Schwärmereien ihrer damaligen Freundinnen für meinen Vater anfangs überhaupt nicht nachvollziehen konnte. Nach einiger Zeit fand sie dann - zu meinem Glück - doch noch Gefallen an ihm. Die beteiligten Familienvorstände waren mit dieser Partnerwahl allerdings nicht besonders glücklich und versuchten daher, auf ihre jeweiligen Schützlinge erzieherisch einzuwirken. Als quasi Ultima Ratio wurden in diesem Zusammenhang sogar vermeintlich „attraktivere Alternativen" ins Spiel gebracht. Meine Eltern ließen sich durch derlei taktische Manöver nicht beirren. Und so wurde aus dem Mädchen mit dem Grübchen und dem Jungen mit den ziemlich langen Beinen schließlich ein richtiges Paar.

Lange währte die partnerschaftliche Harmonie jedoch nicht. Nach Abschluss der zehnten Klasse beschloss mein Vater, die Schule zu verlassen, um einen handwerklichen Beruf zu erlernen. Allen guten Ratschlägen zum Trotz und gegen den Widerstand meiner Mutter begann er eine Ausbildung zum Werkzeugmacher beim ortsansässigen Siemens-Werk. Er wollte endlich sein eigenes Geld verdienen und versprach sich dadurch ein wenig mehr Eigenständigkeit. Während seiner Lehre wurde der damals Siebzehnjährige zum ersten Mal auf den Militärdienst aufmerksam gemacht. Sein Berufsschullehrer, ein in den Schuldienst eingegliederter ehemaliger Wehrmachtsangehöriger, schwärmte vor den jungen Männern vom Soldatenberuf. Unmittelbar nach Kriegsende gab es wohl immer noch einige Unbelehrbare, die trotz des ganzen Leids und Elends, das der gerade überstandene Krieg verursacht hatte, ihr Faible für alles Militärische noch nicht aufgeben konnten. Zum damaligen Zeitpunkt war mein Vater für derlei Schwärmerei allerdings (noch) nicht empfänglich und beendete nach knapp drei Jahren erfolgreich seine Lehre.

Die Freude an seinem Beruf währte allerdings nicht lange. Schon als Lehrling hatte er einen Großteil seiner Ausbildungsvergütung zuhause abgeben müssen, und diese Praxis wurde auch in Bezug auf seinen Lohn beibehalten. So war der Traum von der Selbstständigkeit in der Realität schnell eingebremst. Dazu gesellte sich die Erkenntnis, dass ein Werkzeugmacher nur eine äußerst überschaubare berufliche Perspektive hat. Derart geläutert, verließ mein Vater den „goldenen Boden des Handwerks" wieder und nahm an der Fachhochschule in Karlsruhe ein Maschinenbaustudium auf. Ein Schritt, der seiner Mutter Verdruss, meiner Mutter hingegen große Freude bereitete.

Nachdem mein Großvater Hans im Sommer 1946 aus der Kriegsgefangenschaft zurückgekehrt war, stand für ihn die ebenso aufwändige wie unvermeidliche Entnazifizierung im Vordergrund. Schließlich sollte es künftig wieder seine Aufgabe sein, für das Wohl seiner Familie zu sorgen, und ohne ein entsprechend positives Testat der Besatzungsmacht war die Aufnahme einer beruflichen Tätigkeit ausgeschlossen. Ein umfangreicher Schriftverkehr mit den amerikanischen Behörden in Heidelberg ist Beleg für einen äußerst zähen Prozess, der sich über einen Zeitraum von drei Monaten hinziehen sollte. Nachdem diese Hürde erfolgreich genommen war, stellte die begrenzte Aufnahmekapazität des Arbeitsmarktes im Nachkriegsdeutschland allerdings das nächste Hindernis bereit. So war es ein außerordentlicher Glücksfall, dass eine zufällige Begegnung in einer Gastwirtschaft die erste echte Perspektive bot.

Ein älterer Herr, dessen Herz meine quirlige, damals vierjährige Tante erobert hatte, offerierte die Möglichkeit zu einem Einstellungsgespräch bei der Deutschen Bank in Heidelberg. Mein Großvater vermochte zu überzeugen und bekam eine Anstellung als Schalterbeamter, die er fast dreißig Jahre lang bis zu seiner Pensionierung behielt. Ich sehe ihn noch heute vor mir: am Bankschalter hinter dickem Panzerglas, dunkler Anzug, schwarze Brille - ein Monument der Korrektheit.

Im Sog dieses beruflichen Neustarts zog die gesamte Familie in ein neues Mehrparteienhaus nach Heidelberg-Pfaffengrund. Eine Ironie des Schicksals war, dass meine Mutter zeitgleich mit meinem Vater die Oberschule verließ. Anders als er tat sie dies aber nicht freiwillig. Sie folgte vielmehr dem elterlichen Entschluss, eine kaufmännische Ausbildung bei der Heidelberger Schnellpressen AG zu beginnen. Dass sie, trotz ihrer guten schulischen Leistungen, kein Abitur machen durfte, hat meine Mutter ihren Eltern nie verziehen.

Als frisch gebackener Maschinenbauingenieur fand mein Vater zunächst eine Anstellung beim Gasinstitut des Karlsruher Technikums und wechselte nur ein Jahr später zur Eternit AG in Leimen bei Heidelberg. Von seinem Lohn musste er allerdings den Großteil zuhause abgeben. Meine Mutter hingegen, die nach Abschluss ihrer Ausbildung in der Lohnbuchhaltung der Schnellpresse zu arbeiten begonnen hatte, durfte bis auf einen kleinen Haushaltsbeitrag alles behalten. In dieser Zeit verfügte sie daher über ein größeres Einkommen als mein Vater. Bei der Anschaffung eines Motorrollers griff sie ihrem Verlobten daher mit einem „zinslosen" Darlehen unter die Arme. Das war nicht ganz uneigennützig, denn dadurch erweiterte sich der Aktionsradius des jungen Paares über die Grenzen des öffentlichen Nahverkehrs hinaus. Möglich waren nun auch Ausflüge in den nahen Odenwald. Dessen Steigungen setzten dem Leistungsvermögen der zweitaktenden „Lambretta" allerdings häufig Grenzen. Ich erinnere mich an die lebhafte Schilderung von Ausfahrten, bei denen steigungsbedingt zunächst meine Mutter absteigen und kurz darauf auch mein Vater neben dem Roller herlaufen musste.

Im Jahr 1956 schlossen meine Eltern in Heidelberg ihren Bund fürs Leben. Zum künftig gemeinsamen Wohnsitz wurde, zum Leidwesen meiner Mutter, das Haus der Schwiegermutter in Bruchsal auserkoren. Wohnraum war wohl zur damaligen Zeit äußerst knapp, und eine eigene Wohnung blieb aus diesem Grund ein unerfüllbarer Wunsch. So rückte man ein wenig zusammen und schuf auf diese Weise Platz für das junge Paar.

Den Entschluss zur damals noch jungen Bundeswehr zu gehen, fassten drei junge Männer, die sich noch aus der Schulzeit kannten, gemeinsam. Es sollte ein großes Abenteuer werden, das die Freunde aus der kleinbürgerlichen Enge Bruchsals hinaus in die Welt führen sollte. Die Luftwaffe mit ihren interessanten Jobs und den weltweit gestreuten Standorten war für sie der Schlüssel zur Freiheit. Mein Vater war spontan inspiriert von der Idee, sich als zukünftiger Pilot zu bewerben. Dieser Traum wurde allerdings ziemlich schnell durch den „Einplaner" kassiert, der einen Ingenieur keinesfalls für ein Flugzeugcockpit verschwenden wollte. Technischer Offizier war nach einer entsprechenden Korrektur die berufliche Perspektive.

Am Tag der Abreise zur Grundausbildung erschienen am Bahnhof nur noch zwei der vormals drei „Abenteurer". Den eigentlichen Initiator hatte der Mut verlassen. Er übernahm in der Folgezeit dann doch lieber das elterliche Radio- und Fernsehgeschäft. Für derartige menschliche Unzulänglichkeiten prägte mein Vater später den Spruch: „Dicke Backen machen und dann keinen Mut, zu blasen". Die Übergebliebenen reisten in das niedersächsische Bückeburg, um sich dort die grundsätzlichen militärischen Kenntnisse und Fertigkeiten vermitteln zu lassen. Mein Vater hat mir gegenüber eingestanden, dass ihn damals die Einfältigkeit seiner Ausbilder zeitweise an der Richtigkeit seiner beruflichen Entscheidung zweifeln ließ. „Na, sie trübe Tasse", war die knapp gefasste Begrüßung durch den gerade volljährigen Gruppenführer. Für einen siebenundzwanzigjährigen Ingenieur kein glücklicher Start in einen neuen Beruf.

4. Familie

Die Definition von Familie ist gar nicht so einfach. Reichen bereits zwei Personen aus oder wird erst durch Nachkommenschaft die minimale Konfiguration erreicht? In meiner Wahrnehmung war unsere Kernfamilie erst mit der „Segnung" durch Kinder vollkommen.

Als ich das Licht der Welt erblickte war mein Vater nicht zuhause. Er hatte die Grundausbildung hinter sich gebracht und absolvierte mittlerweile den Offizierlehrgang im oberbayerischen Neubiberg bei München. Sein damaliger Chef überbrachte ihm die frohe Botschaft mit den Worten: "Herzlichen Glückwunsch! Sie sind Vater geworden! Sie werden aber nicht erwarten, aus diesem Grund Urlaub zu bekommen." So musste unser erstes Zusammentreffen bis zu dem Wochenende warten, an dem mein Vater seine nächste reguläre Heimfahrt antreten durfte. Mir fehlt, aus nachvollziehbaren Gründen, allerdings jegliche eigene Erinnerung an dieses denkwürdige Ereignis.

Die anfängliche Freude meiner Eltern über meine Ankunft wich jedoch bald der ernüchternden Erkenntnis, dass der ohnehin knapp bemessene Wohnraum nun definitiv zu gering wurde. Die angespannte Situation wurde nur durch den Umstand gemildert, dass mein Vater die meiste Zeit ohnehin nicht zuhause war. Mit der Geburt meines Bruders, ein Jahr später, verschärfte sich die Lage allerdings dramatisch. Eine Lösung schien zunächst nicht in Sicht.

Erst mit der Versetzung meines Vaters in das rheinland-pfälzische Cochem wurde für meine Mutter schließlich ein langgehegter Traum wahr. Endlich raus aus dem engen, sozial kontrollierten Umfeld der Schwiegermutter und rein in die erste eigene Wohnung. Drei Zimmer, Küche, Bad und Etagenheizung mit Kohle in der neuen Bundeswehrsiedlung Cochem-Brauheck kamen ihrer Vorstellung vom „Paradies auf Erden" sehr nahe. Und genau hier setzen auch meine ersten frühkindlichen Erinnerungen ein.

Es war eine völlig andere Welt, als die in dem Mehrgenerationenhaus zuvor. In einem komplett neu aus dem Boden gestampften Ortsteil fanden sich mehrheitlich junge Familien aus dem ganzen Land ein. Alle Familienväter hatten denselben Arbeitgeber und fast alle den gleichen Beruf. Anschluss zu finden, war hier überhaupt kein Problem. Schnell hatten sich meine Eltern mit einem etwa gleichaltrigen Ehepaar aus der Nachbarschaft angefreundet. Die zwei Buben, die dazugehörten, waren in demselben Alter wie mein Bruder und ich und somit als Spielkameraden hervorragend geeignet. Wir unternahmen viel zusammen: Schiffstouren auf der Mosel, Baden im Cochemer Freibad, Burgen besichtigen und Grillen im Steinbruch. Auch die Offiziergemeinschaft der „Büchelaner" war sehr umtriebig und organisierte für ihre Mitglieder und deren Familien zahlreiche Events. Unvergessen bleibt mir die alljährliche Weihnachtsfeier. Der Weihnachtsmann schwebte zu diesem Anlass immer mit dem Hubschrauber ein und winkte uns Kindern durch die geöffnete Seitentür schon von weitem zu. Die Variante mit dem Rentierschlitten war mir damals völlig unbekannt.

In den Sechzigerjahren des vergangenen Jahrhunderts gab es die Scherzfrage nach dem Namen des größten, amerikanischen Flugzeugträgers. Die Antwort: „Rheinland-Pfalz" spiegelt die damalige Dichte an amerikanischen Militärflugplätzen in diesem Bundesland wieder. Die Städtchen Ramstein, Spangdahlem, Sembach, Bitburg, und Hahn waren in Zeiten des Kalten Krieges intensiv genutzte Stützpunkte der United States Airforce. Deren Größe übertraf die der deutschen Luftwaffen-Flugplätze meist um ein Vielfaches. Mit unserem Vater besuchten wir oft und gerne die öffentlichen Flugtage der

Amerikaner. Neben den fliegerischen Darbietungen beeindruckten uns insbesondere die ausgestellten Flugzeuge und die riesigen Eisportionen. Mein Bruder und ich mutierten zu wahren Luftfahrtexperten und so verwundert es auch nicht, dass wir beim „Flugzeug-Quartett"[1] nicht zu schlagen waren. Ein mit meinen Eltern befreundeter Pilot erzählte mir in der Vorweihnachtszeit einmal, er habe während seines letzten Fluges das Christkind gesehen. Ich hielt dies nur deshalb für unglaubwürdig, weil ich mir nicht vorstellen konnte, dass das Christkind tempomäßig mit einem Kampfjet mithalten konnte. Wir Bundeswehrkinder lebten schon in einer anderen Welt.

Die Kehrseite des Soldatenberufs lernten wir bereits kurz nach unserem Einzug kennen. Mein Vater wurde für ein halbes Jahr nach Kanada abkommandiert, um im arktischen Winter den neuen „Starfighter" auf seine Kältetauglichkeit zu testen. So verbrachten wir das erste Weihnachtsfest im neuen Heim ohne ihn.

In den Familien in unserem Bekanntenkreis fehlte zeitweise eigentlich immer ein Vater. Das gehörte irgendwie schon fast dazu und hat uns Kinder nicht weiter irritiert. Im Grunde empfanden wir es sogar als „normal". In diesem Zusammenhang kam dann auch die Gemeinschaft der Bundeswehrsiedler zum Tragen, denn - so platt es auch klingen mag - die gegenseitige Unterstützung war gängige Praxis. Wenn im Winter das eigene Auto mal wieder nicht ansprang, dann brachte es ein Familienvater aus der Nachbarschaft wieder zum Laufen. Das war selbstverständlich und niemand musste sich dazu überwinden, um Hilfe zu bitten. Und wenn die heimische Küche kalt blieb, weil ein Virus die eigene Mutter temporär „außer Gefecht" gesetzt hatte, dann wurden wir, ohne dass dazu größere Absprachen nötig gewesen wären, einfach ein Haus weiter gefüttert. Diesem äußerst fürsorglichen nachbarschaftlichen Verhältnis lagen allerdings

---

[1] Kartenspiel für Kinder, bei dem Leistungsdaten ausschlaggebend sind.

nicht nur edle „Gut-Menschen-Motive" zugrunde. Kaum eine der Brauhecker Familien war vor Ort sozial verwurzelt und konnte somit im Bedarfsfall nicht mit verwandtschaftlicher Unterstützung rechnen. So saßen wirklich alle im sprichwörtlich gleichen Boot. Aus diesem Grund wurde gern geholfen, und man konnte sich im Gegenzug auf die Hilfsbereitschaft der Anderen verlassen.

Neununddreißig Monate währte unser familiäres Glück in diesem Pionierdorf der Luftwaffe. Dann folgten wir meinem Vater in den hohen Norden, ins nordfriesische Leck, nahe der dänischen Grenze. Die Trennung von der vertrauten Umgebung, von den Freunden und Bekannten hat damals noch richtig weh getan. Einige Umzüge später vermochten wir Kinder mit diesem Phänomen schon „professioneller" umzugehen.

Auch wenn die Gemeinschaft nicht mit der in Cochem-Brauheck vergleichbar war, mochte ich meine neue Heimat. Wir hatten quasi zwei Meere unmittelbar vor unserer Haustür - auch wenn eines davon, bei Ebbe, oftmals nicht zu sehen war. Mit meinen Eltern unternahmen wir häufig Ausflüge an die Küste und nach Flensburg oder Kiel. Flensburg mochte ich ganz besonders. Dort gab es einen Spielwarenladen, der die für die schwierigen Projekte meines „Plasticant - Modellbaukastens" erforderlichen Teile stets vorrätig hatte. Das war natürlich ein enormes Plus für die nördlichste Stadt Deutschlands. Ich erinnere mich auch an einige Einkaufsfahrten ins benachbarte Dänemark. Was sich dort zu kaufen lohnte, weiß ich allerdings nicht mehr.

In Leck sollte ich eigentlich eingeschult werden, aber eine schwere Erkrankung meines Vaters durchkreuzte unsere weitere Lebensplanung. Diesmal war er nicht aus dienstlichen, sondern aus rein gesundheitlichen Gründen häufiger und auch länger abwesend. Meinem Bruder und mir hat damals niemand genau erzählt, wie ernst die Lage wohl gewesen ist. Das sollten wir erst sehr viel später erfahren. So oft es ging, besuchten wir unseren Vater in den verschiedenen Krankenhäusern, unter anderem auch in der Universitätsklinik in Heidelberg. So mäßig unser Appetit damals auch gewesen sein mag, die Krankenhausverpflegung fanden wir äußerst schmackhaft. Das Pflegepersonal muss sich über den „gesunden" Appetit meines Vaters wohl ziemlich gewundert haben.

Entgegen allen düsteren Prognosen wurde mein Vater wieder gesund und aus „sozialen Gründen" vorzeitig versetzt. So endete unsere nordfriesische Episode bereits nach vierzehn Monaten, und ich war nie auf einer Schule in Schleswig-Holstein.

Im Falle einer Inlandsversetzung konnte es, von Leck aus, nur wieder Richtung Süden gehen. Der nächste Dienstort meines Vaters war das rheinland-pfälzische Sobernheim. Allerdings lernten wir nun die für uns neue Variante des Zwischenumzugs kennen. In der Sobernheimer Bundeswehrsiedlung stand zunächst kein „angemessener Wohnraum" zur Verfügung (wie es im Bundes-Umzugskosten-Gesetz heißt) und so bezogen wir erst einmal eine vorläufige Wohnung im nahegelegenen Odernheim. Hier war es schon extrem ländlich, aber es gab immerhin eine richtige Volksschule. Und die war zumindest soweit geeignet, dass ich meine schulische Laufbahn endlich beginnen konnte. Der Unterricht begann für mich an Ostern, und bereits im November desselben Jahres wurde ich in die zweite Klasse versetzt. Die wiederum sollte im Sommer des darauffolgenden Jahres enden. Das hatte weniger mit einer Hochbegabung zu tun, sondern war durch das damalige Phänomen der Kurzschuljahre[2] bedingt. Große Freundschaften konnte ich auch hier nicht schließen, denn die zweite Klasse war für mich schon in Sobernheim „gebucht". Die Zeit für ein soziales Einnisten war also - ebenso wie zuvor in Leck - einfach zu kurz.

---

2   Zur Umstellung des Schuljahresbeginns von Ostern auf Sommer wurden vom 1. April 1966 bis 31. Juli 1967 in den meisten Bundesländern zwei Kurzschuljahre durchgeführt.

In einem Zeitraum von etwas mehr als zwei Jahren durchlitten wir die schwere Krankheit meines Vaters, erlebten drei Wohnorte und ebenso viele Wohnungen. Ich wurde eingeschult, absolvierte in einem Jahre zwei Schulklassen und zwischenzeitlich meinen ersten Schulwechsel. Das war schon ein ziemlich heftiges Pensum.

5. Routine

Macht man etwas zum zweiten Mal, wird es fast schon zur Gewohnheit. Macht man es drei- oder mehrmals, ist es bereits Routine. Zugegeben, das ist eine etwas verkürzte Definition, aber sie beschreibt ein wenig die Sehnsucht nach Sicherheit und Struktur im Alltag. Kinder aus Bundeswehrfamilien sind hier keine Ausnahme, auch wenn ihre Realität - anders ist.

In Sobernheim sollte tatsächlich erst einmal so etwas wie Ruhe und Routine einkehren. Wir bezogen ein schmuckes Reihenhaus der Ausstattungsstufe I, mit üppigen 85 Quadratmetern Wohnfläche, vier Zimmern und Zentralheizung. Mein Bruder und ich besuchten die Grundschule, mein Vater war - zumindest vorerst - nicht mehr so häufig auf Dienstreisen, und meine Mutter erwartete ein weiteres Kind. Unter meinen Klassenkameraden fand ich wieder so etwas wie einen richtigen Freund - natürlich gleichfalls ein Bundeswehrkind, und in „Sankt Matthäus", der katholischen Pfarrkirche, erlebte ich Erstkommunion und Firmung.

Die Ferien verbrachten mein Bruder und ich grundsätzlich bei den Großeltern. Nur so fanden meine Eltern Erholung vom anstrengenden Familienalltag, und sie nutzten unsere wohltuende Abwesenheit für eine entspannende Auszeit in Südtirol. Ich fand eigentlich nichts dabei, dass wir auf diese Weise „abgeschoben" wurden, denn ich muss ehrlicherweise gestehen, dass wir zwei ein wenig anstrengend gewesen sind. Außerdem freuten sich unsere Großeltern jedes Mal, wenn ihre Enkel kamen, und gaben sich dann richtig Mühe, uns zu unterhalten. Sie freuten sich allerdings auch, wenn wir wieder gingen, denn dann brauchten auch sie ein wenig Erholung.

Der nächste Schicksalsschlag ließ leider nicht lange auf sich warten. Meine Schwester wurde geboren und verstarb nach nur zwei Lebenstagen am sogenannten „plötzlichen Kindstod". Ich konnte damals nicht verstehen, dass ein derart junges Leben enden kann, wo doch so viele alte Menschen dem Tod eigentlich viel näher waren. Das war, in meiner Wahrnehmung, ein himmelschreiendes Unrecht. Meine Eltern wiederum konnten sich nie von der Vorstellung lösen, dass meine Schwester in einem größeren (richtigen) Krankenhaus eine Überlebenschance gehabt hätte. So kam es, dass sich meine Mutter, im Jahr darauf, für die Geburt meines jüngsten Bruders, erneut der Klinik anvertraute, in der sie bereits zweimal erfolgreich entbunden hatte. Das war aus ihrer Sicht zwar durchaus nachvollziehbar, doch für mich mit einer weiteren Härte verbunden. Während der Wochen vor und nach der Niederkunft musste ich in Bruchsal zur Schule gehen. Aus heutiger Sicht und ausgestattet mit der Erfahrung als alleinerziehender Vater kann ich nicht nachvollziehen, warum es für diese Episode keine bessere Lösung gegeben hatte, als einen zusätzlichen Schulwechsel. Meine Bildungshistorie wurde auf diese Weise immerhin um einen weiteren Länderpunkt ergänzt.

Nachdem die gefährliche Lebensphase für das jüngste Familienmitglied überstanden war, übersiedelten wir wieder an unseren angestammten Wohnort. Allerdings war mein Vater mittlerweile wieder fort. Seit dem vorangegangenen Sommer hatte er ein „Kurz-Engagement" bei der neu gegründeten NAMMA[3] in München. Er gehörte quasi zu den Pionieren, die sich mit der Entwicklung eines neuen Mehrzweck-Kampflugzeuges[4] beschäftigen sollten. Von München kam er jedoch nicht mehr nach Sobernheim zurück, sondern startete nach einem einjäh-

---

3   NATO Multi-Role-Combat Aircraft Development, Production and Management Agency

4   Spätere Typenbezeichnung: Panavia 200 Tornado

rigen Pendler-Dasein direkt durch in das friesische Jever. Er übernahm dort den Dienstposten des technischen Kommandeurs einer fliegerischen Ausbildungseinheit (Waffenschule 10). Mit seinen 37 Jahren war mein Vater seinerzeit einer der jüngsten Kommandeure der Luftwaffe. Mit der mittlerweile üblichen Verzögerung von einem Quartal folgte dann auch der familiäre Tross. Die Reise an den neuen Wohnort ist mir in besonderer Erinnerung geblieben. Sie fand im Winter bei dichtem Schneetreiben statt, und ich hatte die Windpocken mit hohem Fieber. Nach der Ankunft verbrachten wir die erste Nacht alle gemeinsam in einer Kasernenstube.

Mit dem Umzug nach Jever hatte ich mich ein wenig an den bundeswehrtypischen Rhythmus, mit seinen drei Jahren Verweildauer an einem Wohnort, gewöhnt. Auch die Begleiterscheinungen wie: längere Abwesenheit meines Vaters, häufige Schulwechsel oder die Trennung von Freunden, waren mittlerweile so etwas wie Routine. Lediglich die Tristesse der friesischen Landschaft schlug mir bisweilen aufs Gemüt. Außerdem verabscheute ich das gemeinschaftliche Pulen der Nordseekrabben, die meine Eltern in unappetitlichen Mengen direkt vom Kutter zu kaufen pflegten.

Aber es gibt auch durchaus schöne Erinnerungen an die Jeveraner Zeit. Dazu gehört wiederum die Gemeinschaft der dort Gestrandeten. In der Klinkerbau-Siedlung aus britischer Besatzungszeit fand sich abermals eine hilfsbereite und darüber hinaus ziemlich feierfreudige Nachbarschaft. Auch das soziale Leben in der Offiziergemeinschaft war äußerst facettenreich. Es gab viele sogenannte gemeinschaftsfördernde Veranstaltungen, und insbesondere die regelmäßigen Beercalls[5] mit Familie kamen bei uns Kindern gut an. Wir durften uns in die rustikale „Starfighter-Bar" im Dachgeschoss des Offizierheims zurückziehen und bei Spezi und Salzstangen un-

---

5   Umtrunk in Einheiten der Luftwaffe

kontrolliert fernsehen. Wann immer wir uns im Erdgeschoss mit Nachschub versorgten, konnten wir eine stetig zunehmende Ausgelassenheit feststellen. Das war für uns ein gutes Zeichen, denn so blieben wir auch weiterhin ungestört.

Viel Freude bereitete mir die Schauspielerei in unserer kleinen Theatergruppe. Mit dem Stück „Das Kälberbrüten" von Hans Sachs gingen wir sogar auf „Tournee". Die größten Erfolge feierten wir nicht etwa in den Offizierskasinos, sondern insbesondere in den Alten- und Pflegeheimen der näheren Umgebung.

Ein weiteres Erfolgserlebnis hatte ich in Wilhelmshaven. Im fortgeschrittenen Alter von zwölf Jahren lernte ich endlich schwimmen. Kindern das Schwimmen und das Fahrradfahren beizubringen fällt eigentlich in die Zuständigkeit eines Vaters. Meinem fehlten allerdings sowohl die Zeit als auch die Gelegenheit dazu. Ich habe ihn zeitlebens auch nie in Badehose gesehen. Nachdem ich mich endlich ohne peinliche Hilfsmittel im Wasser bewegen konnte, gab es für mich kein Halten mehr. Im kaserneneigenen Schwimmbad erwarb ich alle seinerzeit realisierbaren Abzeichen wie Frei-, Fahrten- und Jugendschwimmer, die Totenkopfabzeichen sowie später auch den Rettungsschwimmer.

Meine schulischen Leistungen brachen insbesondere in den Kernfächern Latein und Mathematik ein. Ob das auf die häufigen Schulwechsel oder die aufziehende Pubertät zurückzuführen war, vermag ich nicht mit Sicherheit zu sagen. Vermutlich spielte beides eine Rolle. Was mir aber gewiss zu schaffen gemacht hat, waren die sehr unterschiedlichen Lehrpläne der an meiner Schulbildung beteiligten Bundesländer. Kinder, die häufiger die Schule wechseln müssen, leiden enorm unter der Kulturhoheit der Länder und den daraus resultierenden Auswüchsen in der Bildungspolitik. Das ist mit Sicherheit ein immenser Wettbewerbsnachteil für die Betroffenen. Leider nimmt die Bundeswehr als Arbeitgeber bis heute darauf keinerlei

Rücksicht. Völlig unbeeindruckt von den Problemen, die aus den vielen Umzügen resultieren, wird nach wie vor, von Soldaten und insbesondere von den Offizieren, eine uneingeschränkte Versetzungsbereitschaft gefordert. Eine Förderung am selben Standort wird grundsätzlich abgelehnt. Wann immer ich später, bei meinen eigenen Personalgesprächen, um Verständnis für die Schulsituation meiner Kinder gebeten habe, wurde ich unverzüglich auf mögliche negativen Folgen hingewiesen, die mangelnde Mobilität für mich haben könnte - und in meinem Fall dann auch hatte.

Die Waffenschule 10 in Jever war eine Ausbildungseinrichtung der Luftwaffe. Hier durchliefen die jungen Piloten nach ihrer fliegerischen Grundausbildung in den Vereinigten Staaten von Amerika ein sogenanntes Programm der Europäisierung. Nach dem unbegrenzten Luftraum über Texas und Arizona mussten sie auf die hiesigen, beengteren Verhältnisse vorbereitet werden. Dabei kam es leider auch zu zahlreichen Flugunfällen mit der verwendeten Trainingsversion des Starfighters. Viele Flugschüler und auch Fluglehrer kamen damals auf tragische Weise ums Leben. Das militärische Trauerzeremoniell fand stets in einer der riesigen Wartungshallen statt. Die mit Bundesdienstflaggen bedeckten Särge der Verunglückten waren von zwei Flugzeugen eingerahmt. Zu den Klängen von: „Ich hatte einen Kameraden" donnerten zwei Starfighter im Tiefflug über den Platz. Das Bild der schwarz gekleideten Witwen mit ihren weinenden Kindern bleibt mir in trauriger Erinnerung. In diesen Momenten war ich aber auch heilfroh darüber, dass mein Vater „nur" Techniker war.

Mein Vater verließ Jever nur sehr ungern. Wie er mir viele Jahre später einmal gestand, war die Zeit als Kommandeur der Technischen Gruppe (abgesehen von den tragischen Flugunfällen) die schönste seiner gesamten Bundeswehrlaufbahn. Unglücklicherweise brauchte ein aufstrebender Generalstabsoffizier seinen Dienstposten und so musste er seinen Platz räumen. Das spannende

Thema der Startbahn-Schnellinstandsetzung sollte ihn im Kölner Waffensystemkommando der Luftwaffe künftig beschäftigen. In der Annahme, dass der sogenannte „Heldenfriedhof" meinen Vater nicht mehr so schnell ziehen lassen würde, ließen sich meine Eltern auf das Wagnis ein, ein Eigenheim zu bauen.

6. Adoleszenz

Die Adoleszenz ist eine äußerst wichtige Phase in der Entwicklung eines Menschen. Das Kind reift zum Erwachsenen heran. Und, als ob das nicht schon schwierig genug wäre, durchleben die Heranwachsenden dabei auch noch das hormonelle Feuerwerk der Pubertät. Als betroffener Vater hatte ich, Jahre später, eine Vision. Wie schön wäre es doch, wenn sich die Kids, den Insekten gleich, einfach verpuppen würden, um später als erwachsener Schmetterling zu schlüpfen.

Es war schon fast das gewohnte Bild. Unter der Woche lebten wir mit unserer Mutter zuhause den Alltag, während mein Vater seine „Zelte" bereits wieder ab- und an einem neuen Dienstort wieder aufgeschlagen hatte. Dort beaufsichtigte er nebenbei den täglichen Baufortschritt unseres neuen Einfamilienhauses in Neunkirchen-Seelscheid. An den Wochenenden kam er nach Hause und schlüpfte wieder in die Rolle des Familienvaters. Er ließ sich über die Ereignisse der Woche und über unsere schulischen Leistungsbilanzen informieren. Diese „pädagogischen Strohfeuer" waren bei uns älteren Brüdern ziemlich gefürchtet, denn sie endeten nicht selten mit körperlicher Züchtigung. Ich hatte mir auch abgewöhnt, meinen Vater zu Fragen der mir sehr verhassten Algebra zu konsultieren. Bei dieser Gelegenheit hatte er mir einmal deutlich zu verstehen gegeben, dass das, womit ich mich da beschäftigen würde, äußerst trivial wäre und mit der „wahren" Mathematik nichts zu tun habe. Eine echte Hilfestellung war das nicht.

Als unser neues Heim im Stadium des Rohbaus gefror, meldete der Bauunternehmer unseres Vertrauens Konkurs an. Das führte zum einen dazu, dass mein Vater die weiteren Bauabschnitte nun selbst mit den ortsansässigen

Handwerkern koordinieren musste und deswegen auch der gesteckte Kostenrahmen nicht gehalten werden konnte. Zum anderen - und das war für mich von größerer Bedeutung - konnte auch der anvisierte Termin für unseren Umzug nicht eingehalten werden. Die Sommerferien waren ohnehin durch den Übertritt von Niedersachsen nach Nordrhein-Westfalen verkürzt, und ich hatte in dieser knappen Zeit - wegen der unterschiedlichen Lehrpläne - ein Jahr Französisch nachzuholen. Nun durfte ich wegen der verzögerten Fertigstellung unseres Eigenheimes auch noch Bekanntschaft mit dem Internatsleben machen. Die Salesianer des ortsansässigen Antonius-Kollegs sollten meinen Bruder und mich für die kommenden Wochen in ihre christliche Gemeinschaft aufnehmen.

Mit dreimonatiger Verspätung bezogen wir schließlich unser neues Familiendomizil. Im Vergleich zu unseren bisherigen Unterkünften war das Haus fast ein Palast. Jedes Mitglied unserer fünfköpfigen Familie hatte sein und ihr eigenes Refugium. Allerdings war „bewohnbar" nicht gleichbedeutend mit „fertig". Bis zur Erreichung des definierten Endzustandes war noch einiges an Eigenleistung zu erbringen. Zu unserem Glück war mein Vater handwerklich äußerst geschickt, und so brauchten wir nur wenig externe Unterstützung. Wir, seine älteren Söhne, gingen ihm bei den zahlreichen häuslichen Projekten regelmäßig - wenn auch nicht immer freiwillig - zur Hand. Mittlerweile gebe ich bereitwillig zu, dass ich gerade in dieser Phase des „Häusle-Bauens" viel gelernt habe und mir die vielfältigen Fertigkeiten und Kenntnisse, die ich dadurch erworben hatte, später von großem Nutzen waren. Mir sind auch nach vielen Jahren die grundlegenden Verfahren beim Tischlern oder das Mischungsverhältnis der unterschiedlichen Betonarten noch geläufig.

Unsere neue Heimatgemeinde wurde, wegen seiner guten Infrastruktur, von vielen Bundeswehrangehörigen als „idealer Wohnsitz" gepriesen. Schulen, Kindergarten, Einkaufsmöglichkeiten - alles war vorhanden. Für Heranwachsende war es hingegen eine Katastrophe. Jugendtreff, Diskotheken, Ausgehmöglichkeiten - all das, was für Jugendliche von Bedeutung gewesen wäre, fehlte vollständig. Die Kreisstadt Siegburg war fünfzehn, die damalige Bundeshauptstadt Bonn unüberwindbare dreißig Kilometer entfernt. Dieses Elend wurde durch einen äußerst lückenhaften Personennahverkehr verschärft, der auch vermeintlich einfache Verbindungen zu einer Art Expedition ausarten lassen konnte. Verbotenerweise praktizierten wir daher das Trampen, das uns die den Zugang zu jugendgerechter Zerstreuung ermöglichte. Dabei musste allerdings vermieden werden, dass uns Bekannte meiner Eltern ertappten. Die nahmen uns zwar mit, verpfiffen uns aber im Anschluss an ihre Hilfeleistung. Mit meinem Zusatzeinkommen als Austräger für das örtliche Amtsblatt konnte ich mir später ein Mofa leisten und dadurch meinen Aktionsradius ein wenig erweitern.

Meine Eltern haben immer wieder betont, dass die Hausfinanzierung unsere finanziellen Spielräume sehr eingeengt hätte. Dass mein Vater damals damit begonnen hatte, seinen Rasierschaum aus normaler Seife selbst herzustellen, war mit Sicherheit ein wenig übertrieben. Für mich bedeutete das knappe Budget, dass ich mit fünf D-Mark in der Woche auskommen musste (davon waren auch Schulausgaben zu bestreiten) und überdies nicht alle Klassenfahrten mitmachen konnte. Überraschenderweise machten wir ausgerechnet in dieser „schweren Zeit" unseren ersten gemeinsamen Familienurlaub. Zusammen mit einer befreundeten und kinderreichen Familie bezogen wir für vierzehn Tage ein Ferienhaus an der italienischen Adriaküste. Damit die Kosten nicht aus dem Ruder liefen, hatte mein Vater mehrere Packungen Einsatzverpflegung von der Bundeswehr organisiert. Mit diesen EPAs ergänzten wir die Frischverpflegung vor Ort mit Tubenmargarine, Tubenkäse und Tubenmarmelade. Dennoch oder vielleicht gerade deshalb war es ein unvergesslicher, schöner Urlaub.

Im Antonius-Kolleg fühlte ich mich zwischen all den „heimischen Gewächsen" zunehmend als Außenseiter.

Meine Mitschüler kannten sich alle seit ihrem gymnasialen Einstieg und vermittelten mir allenfalls den Status eines „Geduldeten". Selbst Jahre später fühlte ich mich bei den Abi-Treffen in dieser Klassengemeinschaft noch als Fremdkörper. Außer mir gab es nur noch ein weiteres Exemplar der Gattung „Bundeswehrkind", und das bestätigte mir, ähnliche Empfindungen zu haben. Im Hinblick auf meine schulischen Leistungen setzte sich ein langsamer, aber stetiger Abwärtstrend fort. Am schwierigsten war es für mich nach wie vor, in den Fächern Latein und Mathematik auf einen grünen Zweig zu kommen. Dass meine Übersetzungen aus Julius Caesars „De Bello Gallico", zur allgemeinen Erheiterung meiner Mitschüler, vorgelesen wurden, förderte meinen Verdruss nur. In der 10. Klasse gelang mir allerdings das Kunststück, mit zweimal „Mangelhaft" im Zeugnis versetzt zu werden. Man hatte es versäumt, mich im zweiten Halbjahr mittels eines „Blauen Briefes" offiziell zu warnen. So war es mir schlussendlich möglich, mit Eintritt in die Oberstufe sämtlichen Ballast loszuwerden. Die Fächer Mathematik, Latein, Physik und Chemie blieben konsequenterweise auf der Strecke. Auf diese Weise erfuhr meine weitere Schulausbildung eine eher humanistische Ausrichtung. Eine Gewähr für gute Zensuren war das aber auch nicht.

Das vordringliche Problem meiner damaligen Lebensphase war, dass ich mich mehr zum weiblichen Geschlecht hingezogen fühlte, als zu Hermann Hesse oder William Shakespeare. So hatte ich mich, bald nach unserem Umzug nach Neunkirchen, in die Schwester eines Klassenkameraden verguckt. Sie hatte ebenfalls einen Bundeswehrbezug, und wir entwickelten daher viel Verständnis füreinander. Die Zeit, die wir miteinander verbrachten, sparten wir an der Zeit für Hausaufgaben wieder ein. Gemeinsam balancierten wir auf einem schmalen Grat, der uns mit minimalem Aufwand vor einem schulischen Desaster bewahren sollte. Mir gelang das eigentlich immer ganz gut, meiner damaligen Freundin nicht. Sie blieb in der neunten Klasse sitzen.

Damit war eine rote Linie überschritten - ein Umstand, der einige „erzieherisch nachhaltige" Maßnahmen zur unausweichlichen Folge hatte. Als Hauptschuldiger für das schulische Debakel meiner Freundin wurde ich mit einem Bann belegt. Meiner Herzdame wurde der weitere Umgang mit mir zunächst vollständig untersagt und später nur unter strengen Auflagen gestattet. Profiteure in dieser verzwickten Situation waren unsere Hunde, die in dieser Zeit der Sanktionen und Reglementierungen außerordentlich viel Auslauf bekamen. Eine weitere Methode, die verhängten Zwangsmaßnahmen zu umgehen, war, dass wir uns nachts heimlich irgendwo im Freien trafen. Das war natürlich nur in der warmen Jahreszeit eine Option. Letztendlich haben wir allen Versuchen, unsere Beziehung zurechtzustutzen, ziemlich erfolgreich getrotzt. Getrennt haben wir uns erst, als meine Freundin Angst davor bekam, ihr weiteres Leben nur noch mit mir verbringen zu können. „Sie wolle einfach noch andere Jungs erleben dürfen", erklärte sie mir. Ich habe das sehr bedauert, fand aber Trost in der nächsten Beziehung, die sich fast nahtlos anschloss.

Die zweite Berufung meines Vaters zur NAMMA nach München kam mir, angesichts meiner sittenarmen Interessenlage, nicht ungelegen. Drakonische Maßnahmen ließen sich aus der Distanz nicht gut durchsetzen. Erste Überlegungen meiner Eltern, mit der gesamten Familie nach München überzusiedeln, wurden schnell wieder verworfen. Die maßgeblichen Gründe waren die hohen Immobilienpreise in der bayerischen Landeshauptstadt und, dass mir so kurz vor dem Abitur ein weiterer Schulwechsel nicht zuzumuten wäre. Ich konnte mich allerdings nie ganz des Eindrucks erwehren, dass mein Vater durchaus Gefallen an seinem „Monaco-Franze-Dasein" gefunden hatte. Anfangs pendelte er noch jedes Wochenende zwischen München und Neunkirchen, später wurden die Intervalle länger. Hin und wieder besuchte ihn meine Mutter in seinem Bogenhausener Ein-Zimmer-Appartement. Das war natürlich äußerst begrüßenswert, denn dann hatte ich „sturmfrei".

Kurz vor dem Ende meiner schulischen Laufbahn bündelte ich alle meine Kräfte noch einmal auf das Ziel, einen guten Abschluss zu erreichen. In der dreizehnten Klasse erhöhte ich mein Lernpensum um ein Vielfaches, übernahm freiwillig einige Referate und schrieb einige ganz gute Klausuren. Mit meinem Abiturschnitt war ich allerdings von dem angestrebten Medizinstudium in etwa so weit entfernt wie die nächste Galaxie „Alpha-Centauri" von der Erde. Es war mein Vater, der mich schließlich auf die Möglichkeit aufmerksam machte, über die Bundeswehr Medizin studieren zu können. Dabei verfolgte er mit Sicherheit nicht die Absicht, seinen Erstgeborenen auf die eigene Fährte zu setzen. Vielmehr schien es für mich die ideale Möglichkeit zu sein, meinen Berufswunsch doch noch zu realisieren und zudem mit der sofortigen Unabhängigkeit vom Elternhaus verknüpfen zu können. Eine traumhafte Vorstellung und eine klassische „Win-Win Situation", denn ich konnte ja offensichtlich nicht verlieren. So schrieb ich meine Bewerbung als Anwärter für den Dienst als Sanitätsoffizier bei der Bundeswehr. Für das Auswahlverfahren an der Offizierbewerber-Prüfzentrale (OPZ) in Köln bereitete ich mich gezielt vor. Ich las über mehrere Wochen regelmäßig überregionale Tageszeitungen, quälte mich durch Hermann Hesses "Narziss und Goldmund" und trainierte mit meinem Vater Gesprächssituationen, in denen ich schlüssig zu meinen Beweggründen für den freiwilligen Dienst in der Bundeswehr argumentieren sollte.

Die drei Tage des Auswahlverfahrens habe ich eigentlich nicht als besonders fordernd oder belastend empfunden. Geärgert hat mich nur, dass sich niemand für meine Meinung zu „Narziss und Goldmund" interessiert hatte. Unmittelbar nach der Prüfung habe ich mich zügig wieder ganz anderen Themen zugewendet, als den Soldatenberuf und den Umstand, eventuell zeitnah in eine Kaserne einrücken zu müssen. Ich befasste mich intensiv mit der Planung eines ausgedehnten Sommerurlaubs. Die Kids heutzutage würden dies in die einfache Formel fassen: „Nach dem Abi erst einmal chillen". Noch bevor ich offiziell über den Ausgang meiner Bewerbung informiert werden konnte, überbrachte mir mein Vater vorab deren Ergebnis: "Bestanden und eingeplant." Das war's dann mit dem „Chillen".

Im Leben eines jeden Menschen gibt es Situationen, die überschrieben sein könnten mit der Frage: "Was mache ich hier eigentlich?" Wenn sich diese wankelmütige Stimmung auf einen Augenblick oder eine kurze Episode bezieht, ist das nicht weiter tragisch. Wenn man aber von dem unbestimmten Gefühl übermannt wird, einen gravierenden Fehler gemacht zu haben, dessen Folgen das weitere Leben bestimmen würden, dann ist das - nicht gut.

Den Augenblick, in dem ich, zusammen mit all den anderen Offizieranwärtern, mit dem Bus in die Otto-Lilienthal-Kaserne einfuhr, werde ich wohl mein ganzes Leben nicht mehr vergessen. Das Gefühl, das mich damals als frisch gebackener Soldat ohne jede Vorwarnung überfiel, ist mit Ambivalenz nur äußerst unvollkommen beschrieben. Kurz gesagt - eigentlich hätte ich in diesem Augenblick am liebsten auf den Hacken kehrtgemacht. Mit Blick auf die anderen frisch geschorenen Leidensgenossen integrierte ich mich dann doch in den Schwarm, der in den folgenden Tagen, wie ferngesteuert, die zahlreichen Aufnahmerituale abarbeitete. Wir marschierten jeden Weg in geschlossener Formation und das bereits im Gleichschritt. Das wirkte auf mich befremdlich, weil wir dies noch in unserer Zivilkleidung taten. Richtige Uniformen sollte es erst in der Woche darauf geben.

In dieser Anfangsphase meiner „Soldatwerdung" kamen mir viele Orte in den Sinn, an denen ich im Moment lieber gewesen wäre, und noch mehr Dinge fielen mir ein, die ich lieber getan hätte. Stattdessen lernte ich, eine verkrampfte Körperhaltung namens „Grundstellung" einzunehmen, während des Marschierens den Westerwald zu besingen oder den Kopf auf die Ankündigung: „die Augen" automatisch nach links zu wenden. Zudem waren einige Ausbilder ausgesprochen schlichte Gemüter. Mir fielen in diesem Zusammenhang wieder die ersten Erfahrungen ein, die mein Vater zu Beginn seiner Grundausbildung gemacht hatte. Ein Feldwebel und Gruppenführer rückte aus unserer Perspektive damals in die Nähe eines göttergleichen Wesens. Die Masse der Unterrichte, die wir über uns ergehen lassen mussten, hatte für uns Abiturienten allenfalls Sonderschulen-Niveau und waren schlichtweg eine methodisch-didaktische Katastrophe. Bis freitags war die Ergebenheit, das Gebotene ertragen zu können, vollständig aufgezehrt und musste an den Wochenenden umfassend wiederhergestellt werden. Regelmäßige Heimfahrten waren zur persönliche Regeneration einfach unverzichtbar. Vor diesem Hintergrund erschien das dräuende Schicksal des Wach- und Sonderdienstes nahezu dämonenhaft. Zwei Wochen ununterbrochen kaserniert zu sein, das hätte ich nicht überstanden. Glücklicherweise blieb mir dies, zumindest während meiner Grundausbildung, erspart. Um freitags nach dem letzten Stubendurchgang Zeit zu sparen, belud ich mein Rettungsboot, einen weißen Polo, bereits am Vorabend. Der Gedanke, mal ein Wochenende in der Region zu verbringen und mir vielleicht das nahe Nürnberg anzuschauen, erschien mir völlig abwegig. Dass nach Abzug der zähen Staufahrten netto nur etwa sechsunddreißig Stunden Heimataufenthalt übrig blieb, spielte keine Rolle. Jeden Sonntagabend lag ich pünktlich um zweiundzwanzig Uhr wieder in meinem quietschenden Etagenbett und startete den Countdown für die nächste Heimfahrt. Und im Bett unter mir verzehrte mein Stubenkamerad, wie jeden Abend vor dem Einschlafen, geräuschvoll noch einen Apfel.

Die Frage danach, ob es für mich keinerlei schöne Erinnerungen an dieses erste Kapitel meiner Bundeswehrzeit gibt, kann ich getrost verneinen. Die zwölf Wochen meiner Grundausbildung waren in ihrer zähen Gleichförmigkeit ohne Höhen und Tiefen. Es war weder eine besondere körperliche Herausforderung, noch habe ich das erhabene Erlebnis von Kameradschaft genossen. Viertel vor sechs „Kompanie aufstehen", Morgentoilette, Frühstück, Unterrichte, Gelände- und Formaldienst, dann Mittagessen. Nachmittags folgten im Wechsel Marsch, Waffen- und Schießausbildung. Man möge es mir nachsehen, ich habe das Schießen gehasst. Nach dem Abendessen noch ein Bier im Mannschaftsheim und dann dräute auch schon wieder der Zapfenstreich. Eine Woche glich der anderen: Montag, Dienstag, Bergfest, Packtag und TGIF (Thank God It´s Friday). Nach drei Monaten war es dann endlich überstanden. Ich packte den Inhalt meines Spindes ins Auto und rollte voller Zuversicht in Richtung Fürstenfeldbruck. Schlimmer als die Grundausbildung konnte es nicht werden.

Das „Blaue Palais", wie die neue Offizierschule der Luftwaffe wegen ihrer dunkelblauen Fassade genannt wurde, bot in der Tat vollkommen andere Rahmenbedingungen als die triste Kaserne im fränkischen Seenland. Der hochmoderne Gebäudekomplex mit seiner großzügigen Verglasung wirkte hell und fast freundlich. Die Zwei-Mann-Stuben waren zweckmäßig, aber dennoch gemütlich eingerichtet. Die eingezogenen Raumteiler vermittelten sogar ein wenig Privatsphäre. Auch mit meinem Zimmergenossen hatte ich Glück. Kristof, ein Spätaussiedler aus Polen, war ein eher schweigsamer Typ und vor allem frei von jeglichen nervtötenden Marotten.

Wir Offizieranwärter waren jetzt nicht mehr in Kompanie und Zug organisiert sondern ich gehörte von nun an dem Hörsaal A der zehnten Inspektion an. „Zehn Alpha", das waren siebzehn junge Männer, deren Nachnamen im alphabetischen Spektrum von M bis P angesiedelt waren. Unser Hörsaalleiter war ein sogenannter „Zapata". So nannten sich die Angehörigen der zweiten fliegenden Staffel des Jagdgeschwaders 74 aus Neuburg an der Donau. Unser „Zapata" schweißte uns in kurzer Zeit zu einer Gemeinschaft zusammen. Und das ohne irgendwelche pathetischen Floskeln. Sicher, es war eine auch eine ziemlich fordernde Zeit. Die Überlebensausbildung im Allgäuer Sauwald gehört wohl zu den größten körperlichen Herausforderungen, die ich in meinem Leben zu meistern hatte. Dennoch vergingen die neun Monate im „Fürsti" wie im Flug, und bis auf drei „Aussteiger" haben schließlich alle von uns die Offizierprüfung bestanden. Leider musste ich damals auch das „Aus" für meine Medizinerkarriere bei der Bundeswehr hinnehmen. Für diese Laufbahn wurden insgesamt 82 Offizieranwärter angenommen. Mein Rang war die Nummer 84.

Das war nicht nur eine große Enttäuschung, sondern stellte auch den ganzen eingeschlagenen Weg in Frage. Konnte ich unter diesen Umständen überhaupt bei der Bundeswehr bleiben? Über eine eventuelle Aufgabe meines Berufswunsches hatte ich mir bislang überhaupt keine Gedanken gemacht. Nur Soldat - das war doch kein Beruf, oder? Andererseits konnte ich auch nicht die gerade erlangte Unabhängigkeit aufgeben und wieder in mein Elternhaus zurückkehren. Nach langem Zögern ging ich einen Kompromiss ein. Im Anschluss an ein Studium der Wirtschaftswissenschaften in Hamburg sollte ich in dem fliegenden Frühwarnsystem AWACS[6] eingesetzt werden. Während meiner Verpflichtungszeit wollte ich genug Geld sparen, um anschließend ein ziviles Medizinstudium aufnehmen zu können. Das fühlte sich wie ein richtig guter Plan an.

---

[6]   Airborne Warning and Control System

8. Neustart

Der Duden definiert den Kompromiss als eine „Übereinkunft durch gegenseitige Zugeständnisse". In meinem Fall hatte aber nur ich ein wesentliches Element meiner beruflichen Zukunft aufgegeben. Das, was ich im Begriff war zu tun, war niemals zuvor Bestandteil irgendeiner Planung gewesen. Insofern war ich wohl per Definition einen „faulen Kompromiss" eingegangen.

Nach der harten Ausbildung, dem Drill und dem stets durchorganisierten dienstlichen Alltag war die Studienzeit in Hamburg eher ein Lotterleben. Es gab keinen Dienstplan mehr. Wir genossen an der Bundeswehr-Hochschule die gleichen studentischen Freiheiten wie Studierende an zivilen Universitäten auch. Nur im Gegensatz zu diesen bezogen wir unser Gehalt weiter und konnten so die Vorzüge der Großstadt in vollen Zügen genießen. Davon machte ich derart intensiven Gebrauch, dass mich am Monatsende, zumindest in finanzieller Hinsicht, nichts mehr von einem normalen Studenten unterschied.

Bereits in den ersten beiden Semestern reifte in mir die Erkenntnis, dass ich mich für die Betriebs- und Volkswirtschaftslehre ebenso begeistern konnte wie für die japanische Kunst des Blumenarrangierens - nämlich überhaupt nicht. Zunächst versuchte ich mich (eher halbherzig) zur studentischen Disziplin zu zwingen. Mein zu dieser Zeit verschobener Schlaf- und Wachrhythmus ließ allerdings einen regelmäßigen Besuch der tagsüber angebotenen Vorlesungen nicht zu. Die unausweichliche Folge war, dass sich auch keinerlei Prüfungserfolg einstellen wollte. Nach drei Semestern (oder auch Trimestern, wie es an den Bundeswehrhochschulen üblich war) zog ich die Reißleine und ließ mich auf eigenen Wunsch exmatrikulieren. Das war für mich insofern eine völlig neue Erfahrung, als ich in meinem bisherigen Leben alle Ausbildungsabschnitte immer irgendwie erfolgreich abgeschlossen hatte.

Nun war alles Makulatur: das Studium, zwölf Jahre Verpflichtungszeit, Einsatz beim fliegenden AWACS-Personal und reichlich Geld sparen für ein ziviles Medizinstudium. Ein neuer Plan musste her.

Bis zu meinem Einplanungsgespräch, in dessen Verlauf über meine weitere Zukunft entschieden werden sollte, hatte ich keine zündende Idee, wie es weitergehen sollte. Während mir der Personaloffizier meine düsteren beruflichen Perspektiven vor Augen führte, scannte ich das großformatige Poster, das hinter ihm an der Wand hing. Darauf waren die unterschiedlichen Einsatzbereiche der Luftwaffe in bunten Bildern illustriert. Das meiste kam für mich aus den verschiedensten Gründen nicht in Frage. Bei dem Dienstbereich Flugkörper- und Flugabwehrraketendienst blieb ich schließlich hängen und deutete auf das Foto eines Startgerätes HAWK. Das wollte ich machen. Irgendwie wirkte es spannend, und außerdem sollte die Ausbildung in den Vereinigten Staaten stattfinden.

Der Personaloffizier schien über meine Wahl erfreut, denn offensichtlich war der entsprechende Personalbedarf groß. Und ich war zufrieden, denn ich hatte meine vorzeitige Abschiebung abgewendet und eine Verpflichtungszeit von acht Jahren vereinbart. In dieser Zeit ließ sich bestimmt ebenfalls ein finanzielles Polster für ein ziviles Studium anlegen.

Nur wenig später fand ich mich am südlichsten Luftwaffenstandort, im oberbayerischen Lenggries, wieder. Der Umzug war wiederum keine große Aktion, denn nach wie vor passte mein gesamter Hausrat in einen Kofferraum. Alles schien sich nun zum Guten zu wenden. Das verhasste Wirtschaftsstudium war Vergangenheit, und ich konnte mich ohne zeitlichen Druck auf einen neuen Arbeitsbereich einlassen. Außerdem trug das grandiose Gebirgspanorama des Isarwinkels dazu bei, dass ich mich an meinem neuen Standort schnell heimisch fühlte. Gewöhnungsbedürftig war zunächst allerdings der Schichtdienst, der mir einen vollkommen neuen Lebensrhythmus bescherte. Bald lernte ich jedoch die Vorzüge einer Abkehr von der klassischen 5-Tage-Arbeitswoche zu schätzen. Nach einer kompakten Schichtperiode hatte ich nämlich mehrere Tage am Stück frei.

Wegen meiner fehlenden technischen Qualifikation, die Voraussetzung für die Ausbildung in den Vereinigten Staaten war, musste ich noch einen Elektronik-Crashkurs an der Technischen Schule der Luftwaffe in Lechfeld bei Augsburg absolvieren. Seitdem weiß ich, dass die Maßeinheit für Stromstärke nach dem französischen Physiker Ampère, die für Spannung allerdings nicht nach Voltaire benannt ist. Ansonsten ist von dieser Ausbildung nicht viel hängengeblieben. Im Frühjahr 1981 war es schließlich soweit. Ein geistig Verwirrter schoss auf den damaligen Präsidenten Ronald Reagan, und wir flogen am selben Tag mit der Luftwaffen-Boeing von Köln über Washington D.C. nach El Paso, Texas.

Der erste Eindruck war überwältigend. Aus der spätwinterlichen Kälte Deutschlands kommend, waren wir in der frühsommerlichen Hitze der texanischen Wüste gelandet. Gleich an unserem ersten Tag in der neuen Welt macht ich die Erfahrung, dass eine „Family-Size-Pizza mit Cheesy Crust" und ein Pitcher „Seven Up" für eine Person definitiv zu viel ist. Maßlos überfressen und wegen des Jetlag zeitlich desorientiert, dämmerte ich in meinem schlichten Motel-6-Zimmer vor mich hin. Mit Hilfe der damals beliebten Fernsehserien „Hogans Heroes" und „The Munsters" versuchte ich möglichst schnell in den neuen Tag-Nacht-Rhythmus zu finden.

In den folgenden Tagen wurden wir „amerikanisiert". Mit der Military-ID erhielt ich ein überaus wichtiges Dokument, das mir in Zukunft viele Türen öffnen und zahlreiche Rabatte ermöglichen würde. Nicht weniger nützlich waren der amerikanische Führerschein, Krankenversicherungsnachweis und ein Bankkonto bei einem örtlichen Geldinstitut. Die Junggesellen wurden von den Verheirateten getrennt und in Offiziersquartieren auf dem Kasernengelände von Fort Bliss untergebracht. Fortan teilte ich mir mit Marius aus Hamburg ein zweckmäßig eingerichtetes „Two-Bedroom-Apartment" und einen 73er Ford LTD Country Squire. Den Big-Block-Kombi kauften wir für 700 US-Dollar von einem Bundeswehrangehörigen, der wegen der bevorstehenden Rückkehr nach Deutschland seinen amerikanischen Haushalt auflösen musste.

Für einen ersten Wochenendausflug in den südtexanischen Big-Bend-Nationalpark schloss ich mich einer Junggesellengruppe an. Mit einem Renault R 4 fuhren wir quer durchs Land, und ich bin davon überzeugt, dass man mit keinem anderen Fahrzeug in den USA derart viel Aufmerksamkeit erzielen konnte, wie mit diesem orangefarbenen, französischen Kleinwagen. Ein äußerst zuvorkommender Tankwart, der den Ölstand des Fahrzeugs prüfen wollte, schaute ratlos unter die Motorhaube und erklärte, er habe die Klimaanlage gefunden, aber „wo zum Teufel sei der Motor".

Nahezu alle Touren, die noch folgen sollten, machten wir in derselben Viererkonstellation, quasi als „Bachelor Ratpack". Allerdings nutzten wir dafür den ebenso großen wie durstigen amerikanischen Kombi. Angesichts der niedrigen Benzinpreise und unserer Bereitschaft, wenn erforderlich, auch 24 Stunden am Stück fahren zu wollen, verloren die riesigen Entfernungen ihren Schrecken. Wir nutzten die freien Wochenenden und deren optionale Verlängerungen und erkundeten alle Sehenswürdigkeiten, die innerhalb eines Radius von zweitausend Meilen um El Paso lagen. Auf diese Weise konnten wir an einem Wochenende den legendären Pacific Coast Highway entlangfahren und an dem darauf folgenden durch das French Quarter in New Orleans schlendern. Zwischendurch hatten wir noch zwei kurze Tage Ausbildungsdienst in Fort Bliss.

Der R 4 hauchte übrigens, bei einem kurzen Ausflug ins benachbarte Juarez, sein Leben in einer mexikanischen Unterführung aus und wurde zur Verschrottung nach Deutschland zurücktransportiert.

Die ersten Monate in der neuen Welt vergingen wie im Rausch. Die Ausbildung war ziemlich stressfrei, und wir gaben uns bereitwillig dem „American Way of Life" hin. Zigaretten und Rindfleisch waren billig, und selten stand etwas auf dem Ernährungsplan, das nicht gegrillt oder frittiert wurde. Die militärischen Unterkünfte bewohnten wir nur sporadisch, weil wir Junggesellen gerngesehene „House-Keeper" waren. Dabei sorgten wir dafür, dass Häuser, auch bei längerer Abwesenheit der Eigentümer, stets bewohnt wirkten. Das taten wir mit einer solchen Hingabe, dass wir bei einem Objekt sogar mehrfach gebucht wurden. Meine Karriere als professioneller „House-Keeper" endete erst, als meine Auftraggeber einen Tag früher als geplant aus dem Urlaub zurückkehrten. So hatte ich natürlich keine Chance mehr, die Spuren einer recht ausgelassenen Pool-Party zu beseitigen. Die schrillen Schreie der Hausfrau bei der Schadensfeststellung habe ich noch im Ohr.

Irgendwann im Sommer kippte die Stimmung dann. Dünnes Bier und noch dünnerer Kaffee, T-Bone-Steak, Burger, schnurgerade Highways und Wüste hingen uns zunehmend zum Hals heraus. Der ganze amerikanische Lebensstil hatte seinen anfänglichen Reiz verloren. Sehnsucht nach Schweinebraten, Vollkornbrot, vernünftigem Kaffee, öffentlich-rechtlichem Rundfunk und der Verwandtschaft machte sich zunehmend breit. Verkürzt lässt sich dieses Phänomen auch als Heimweh bezeichnen. Mit tränenfeuchten Augen packten wir unsere Care-Pakete aus, die in immer kürzeren Abständen aus der fernen Heimat eintrafen und unser Überleben sicherten. Der Inhalt bestand meist aus Filterkaffee, Dosenwurst, Pumpernickel und genießbaren Süßigkeiten. Niemand, dessen Ernährung nicht über einen längeren Zeitraum von McDonalds, Burger King und PizzaHut dominiert wurde, kann die Wonnen nachempfinden, die Pfälzer Leberwurst und Roggenbrot auslösen können.

Das letzte Ausbildungsquartal war in erster Linie durch den Verteilungskampf der zu besetzenden Dienstposten in Deutschland bestimmt. Für vierzehn Lehrgangsteilnehmer gab es drei Stellen im Süden und elf im Norden der Republik. Kurioserweise konnte sich kein Junggeselle einen der heiß begehrten Standorte in Bayern ergattern. „Die seien schließlich flexibler als die Verheirateten", hieß es als Begründung. So fanden sich drei Angehörige des „Rat-Packs" im niedersächsischen Westertimke und einer in Schleswig-Holstein wieder.

9. Wieder zuhause

Heimweh ist schon eine ziemlich irrationale Angelegenheit. Der Trennungsschmerz wächst analog zur Entfernung und zur Dauer der Abwesenheit. Zudem werden Erwartungen an eine Heimkehr geknüpft, die kaum zu erfüllen sind. Dabei ist es durchaus verständlich, dass dieses Gefühl des Ausgeschlossen-Seins vom familiären Leben daheim und eine etwas verklärte Wahrnehmung von Heimat, den Tag der Rückkehr herbeisehnen lässt. Ist dann der temporär Entwurzelte wieder zuhause, fragt er sich nicht selten, warum.

In der Hitze der texanischen Vorweihnachtszeit hatte sich Santa Claus vor der Cielo-Vista-Mall in El Paso noch zu Tode geschwitzt. Zurück in Deutschland war Weihnachten dann wieder so, wie ich es kannte: nasskalt und dunkel. Aber es tat gut, wieder im Kreis der Familie zu sein und die vertrauten Rituale vollziehen zu dürfen. Unter dem Weihnachtsbaum war meine Welt wieder überschaubar und behaglich. Ich gewöhnte mich langsam wieder an deutsches Bier, Nicht-Frittiertes, genießbare Backwaren und sogar an die heimische Musikszene. Die war während meiner Abwesenheit von der „Neuen Deutschen Welle" überrollt worden und hatte neben durchaus Hörenswertem auch „Fred vom Jupiter" hervorgebracht. Die Fernsehnation wurde jeden Dienstagabend vom intriganten Treiben der texanischen Großfamilie Ewing gefesselt.

Natürlich war meine Familie sehr daran interessiert, zu hören und zu sehen, welche Eindrücke ich aus der Neuen Welt mitgebracht hatte. Mit der Präsentation von knapp eintausend Dias habe ich sie allerdings ein wenig überfordert. Nach anfänglich großem Interesse und vielen Kommentaren wurde es während meines Vortrags immer stiller. Und nachdem ungefähr ein Drittel der Bilder den

Projektor durchlaufen hatten, sind meine Lieben - im Schutz der Dunkelheit - eingeschlafen.

Nach dem Fest widmete ich einen großen Teil meines Urlaubs der Wiedereingliederung in mein vorübergehend stillgelegtes soziales Umfeld. Große Entfernungen hatten in den Staaten ihren Schrecken verloren, und so reiste ich wochenlang kreuz und quer durchs Land, um meine Rückkehr zu verkünden.

Auf einer Geburtstagsfeier im westfälischen Münster wurde eine Weiche gestellt, die für mein weiteres Leben bedeutsam sein würde. Damals gehörte ich noch der - mittlerweile vom Aussterben bedrohten - Spezies der Raucher an und musste zur Ausübung meines Lasters die Küche der kleinen Studentenwohnung aufsuchen. Dabei traf ich immer wieder auf eine zierliche, junge Frau, mit der ich im Verlauf des Abends die Zigarettenpausen immer weiter synchronisierte. Beim Abschied fragte ich sie, ob man sich vielleicht an meinem nächsten Reiseziel Hamburg wiedersehen könnte. „Das glaube sie kaum", gab meine Mitraucherin zur Antwort und so vergaß ich diese Begegnung wieder.

Zwei Wochen später besuchte ich dann meine ehemaligen Kommilitonen an der Bundeswehruniversität in Hamburg und war doch ziemlich überrascht darüber, dort eben jene Mitraucherin aus Münster wiederzusehen. In der Folgezeit teilten wir dann nicht nur ein gemeinsames Laster, sondern verbrachten auch einen Großteil unserer Zeit miteinander.

Irgendwann hatte dann auch der überlange Heimaturlaub sein Ende, und meine erste echte „Verwendung" bei der Bundeswehr stand an. So verpackte ich mal wieder meinen - immer noch übersichtlichen - Hausstand im Auto und machte mich auf meine Dienstantrittsreise. Mit dem zugewiesenen Standort Westertimke, in der Ödnis zwischen Bremen und Hamburg gelegen, konnte ich mich einfach nicht abfinden. Unmittelbar nachdem die Personalführung das Flugabwehrraketenbataillon im Teufelsmoor für mich als militärische Wirkungsstätte aus der Trommel gezogen hatte, stand für mich fest, dass ich alle Hebel in Bewegung setzen würde, um wieder nach Süddeutschland gehen zu dürfen. Ich hatte sogar, gemeinsam mit meinem Vater, einen Handel mit der Personalführung eingefädelt. Ich sollte meinen Dienst erst einmal antreten und dann unverzüglich ein Versetzungsgesuch formulieren. „Dieses würde dann schnell und wohlwollend geprüft", war damals die ermutigende Zusicherung. Nur die Gewissheit, dass ich nicht lange bleiben würde, ließ mich die Tristesse ertragen, mit der mich Westertimke empfing. Mit Sicherheit war dies der schauderhafteste Standort meiner bisherigen Bundeswehrzeit.

Die Begrüßung durch meinen künftigen Batteriechef war militärisch warmherzig. „Die erste Batterie stünde im Ruf, die Beste des Bataillons zu sein und ich sollte daran bitte nichts ändern", legte er mir nahe. So war das Eis gleich gebrochen.

Den Schichtdienst kannte ich ja bereits aus meiner Praktikantenzeit in Lenggries. Nun aber war ich allein verantwortlich und hatte die Befehlsgewalt über ungefähr dreißig Soldaten. Das war schon eine völlig neue Dimension. Mit einem Jahr Verspätung empfing ich die Offiziersweihen und wurde zum Leutnant befördert. Ironie des Schicksals: Die Urkunde überreichte mir der alte Freund meines Vaters, der, dreißig Jahre zuvor, mit ihm gemeinsam die Heimat verlassen hatte, um Soldat zu werden.

Der sogenannte „Luftverteidigungseinsatzdienst" generiert einen sehr speziellen Lebensrhythmus. Meinen Dienst leistete ich in einer Radarstellung in unmittelbarer Nähe zur Autobahn, auf etwa halber Distanz zwischen den Hansestädten Bremen und Hamburg gelegen. In einem vierwöchigen Rhythmus wechselte die Einsatzbereitschaft von einer heißen Phase, in welcher der norddeutsche Himmel rund um die Uhr überwacht wurde, zu unterschiedlich intensiven Ausbildungs- und Wartungsphasen.

In den nun folgenden Jahren gab es für mich fortan weder Wochentage, Wochenenden noch gesetzliche Feiertage. Mein Lebensrhythmus wurde maßgeblich bestimmt durch eine wiederkehrende Folge von zwei 48-Stunden-Schichten, einer 81-Stunden-Wochenendschicht und vier Tagen Tagesdienst. Den Ausgleich bildeten anschließend acht freie Tage. Diese Routine wurde allerdings durch einige zusätzliche Vorhaben ergänzt. Da gab es die jährlichen Überprüfungen durch die NATO, Jahresschießen auf Kreta oder zahlreiche weitere Übungen. Sollte dieses Zusatzprogramm in die schichtfreie Zeit fallen, war das Pech. Stand im Kalender über Weihnachten, Sylvester oder dem Geburtstag ein rotes S für Schicht, war das ebenfalls Pech. Mehrgeleisteter Dienst (im allgemeinen Sprachgebrauch: Überstunden) - und davon gab es reichlich - wurde durch das sogenannte „Buschgeld" eher dürftig als großzügig abgefunden. Ein Ausgleich durch Freizeit blieb die Ausnahme. Wann hätte man eine Freistellung vom Dienst, wie der Abbau von Überstunden hieß, auch nehmen sollen? Es war ohnehin eine Herausforderung, jedes Jahr den zustehenden Erholungsurlaub in den Schichtplan einzubauen.

Nachdem mir, einige Jahre später, die Verantwortung für die Erstellung des Schichtplanes übertragen wurde, war ich von der Idee beseelt, die zeitliche Belastung durch diesen Dienst erträglich zu gestalten und gerecht zwischen mir und meinen Kameraden zu verteilen. Das war eine Herausforderung, die der der Quadratur des Kreises sehr nahe kam. Seit der deutschen Wiedervereinigung gibt es den Schichtdienst in der Form, wie ich ihn über zehn lange Jahre erlebt habe, nicht mehr.

Das Thema „außerdienstliche Lebensgestaltung" ist schnell behandelt. Bremen war vierzig, Hamburg siebzig Kilometer entfernt. Der Freizeitordner der Timke-Kaserne enthielt nur eine halbseitig beschriebene DIN-A-4-Seite mit Hinweisen auf die kaserneneigene Sporthalle und das Freibad im benachbarten Tarmstedt. Das standorteigene Offizierheim war nicht durchgängig bewirtschaftet.

Es gab nur einen Schlüssel, den man sich nach Dienstschluss ausleihen konnte, um sich dann im Fernsehraum an einem Kühlschrank selbst zu bedienen. Belebt war in der Kaserne wochentags nur das Mannschaftsheim, in dem seinerzeit die Wehrpflichtigen dem Wochenende „entgegentranken".

In der nahegelegenen Kleinstadt Zeven gab es einige Geschäfte, einen Supermarkt, ein Fitnessstudio und einen "Griechen". Darüber hinaus hatte dieser ausgesprochen graue Ort nicht viel zu bieten. Mir blieb letztendlich als Rückzugsort nur meine eigene militärische Unterkunft. Ein Riesenzimmer mit Bett, Couch, Spind, Schreibtisch und Waschbecken war alles, was mir zur Entspannung zur Verfügung stand. An eine eigene Wohnung war nicht zu denken, denn als damals unter 25-Jähriger war ich noch zum „Wohnen in der Gemeinschaftsunterkunft und Teilnahme an der Gemeinschaftsverpflegung" verpflichtet. Nur für Verheiratete gab es Ausnahmen.

Es ist sicherlich nachvollziehbar, dass ich jede Gelegenheit zur Flucht nutzte. Sobald mehr als ein Tag Freizeit zu verbringen war, fuhr ich nach Krefeld zu meiner damaligen Freundin. Ihr zuliebe hatte ich auch den ursprünglichen Plan aufgegeben, einen Versetzungsantrag zu stellen. So sehr ich damals einen Ortswechsel nach Süddeutschland herbeisehnte, gab ich dann doch der kürzeren Entfernung zur Liebsten den Vorzug und blieb im Norden.

Es trifft aber nicht zu, dass mich die Lebensumstände im Teufelsmoor psychisch zermürbt hätten und ich aus dieser depressiven Grundstimmung heraus, empfänglich gewesen sei für die Idee einer eheähnlichen Lebensgemeinschaft und der späteren Heirat. Dies war mein eigener - damals noch freier - Wille.

10. Bünde fürs Leben

Ein Sprichwort sagt, dass „geteiltes Leid halbes Leid und geteilte Freud doppelte Freud sei". Dieser angestaubte Spruch sollte sich doch auch auf meine Lebenssituation anwenden lassen. Bei allem Verständnis für eine zügige Realisierung einer auf Dauer angelegten Beziehung und häuslichen Gemeinschaft sollte dabei jedoch auf keinen Fall die zulässige Höchstgeschwindigkeit überschritten werden.

Jedes Mal, wenn der Intercity auf seinem Weg von Bremen nach Köln, in einem Tunnel bei Osnabrück, die unsichtbare Grenze zwischen Niedersachsen und Nordrhein-Westfalen überquerte, wurde im Zug vielstimmig „Deutschland" gerufen. Die meisten Wehrpflichtigen kamen aus dem bevölkerungsreichsten Bundesland und nutzten diese Bahnverbindung, um das Wochenende zuhause bei Eltern und Freundin zu verbringen. Als Inhaber eines „Berechtigungsausweises für Familienheimfahrten" genossen sie das Privileg einer kostenlosen Fahrt, und so war dieser Zug freitags stets zum Bersten voll. Ich hingegen musste meine Fahrkarte selbst bezahlen, wenn ich denselben Zug auf meinem Weg nach Krefeld nutzte. Meine Freundin wohnte mitten in der Stadt, und da machte es wenig Sinn, das Auto zu nutzen. Außerdem war es, bis auf die lärmenden und manchmal betrunkenen Soldaten, stressfrei, mit der Bahn zu fahren. Die Rückfahrt in Richtung Norden hingegen fand in einer kollektiv depressiven Stimmung statt, die häufig mit Alkohol bekämpft wurde.

Bald, nachdem ich mein Vorhaben aufgegeben hatte, eine Versetzung in den Süden anzustreben, reifte ein neuer Plan. Eine gemeinsame Wohnung in der Nähe meiner militärischen Wirkungsstätte sollte her. Das Angebot an geeignetem und bezahlbarem Wohnraum war im Niemandsland zwischen Bremen und Hamburg reichhaltig und unsere Suche daher bald erfolgreich. Unsere Wahl fiel auf Nartum, einen Fünfhundert-Seelen-Flecken, in dessen unmittelbarer Nachbarschaft meine Radarstellung lag. Das war eher Fluch als Segen, wie sich später herausstellen sollte. Für eine üppige Dreizimmerwohnung mit einhundert Quadratmetern Wohnfläche wurden knapp sechshundert D-Mark an Warmmiete abgerufen. Ein durchaus erschwinglicher Luxus. Nach unserem Einzug mussten wir allerdings feststellen, dass sich unser eher spärliches Mobiliar auf der uns zur Verfügung stehenden Fläche ziemlich verlor. Es fehlte so ziemlich alles, was eine Wohnung komfortabel und wohnlich macht. So waren Folgekosten durch ein umfassendes „Aufrüstungsprogramm" unumgänglich.

In dem Film „Ein Dorf wie jedes andere" beschreibt Walter Kempowski („Tadellöser und Wolf"), der seit 1963 in Nartum als Landschullehrer lebte, seine Erlebnisse in einer typisch norddeutschen Dorfgemeinschaft. Über einen Zeitraum von zwanzig Jahren kann man wohl einige Beobachtungen zusammentragen, die sich dann in verdichteter Erzählform publizieren lassen. Wir hingegen konnten, bis auf gelegentliche Aktivitäten beim benachbarten Landhandel, kaum Bewegung erkennen. Die Zeit schien in Nartum eingefroren. Allerdings muss ich zugeben, dass uns nicht zuletzt aufgrund unserer hartnäckigen Weigerung, dem örtlichen Schützenverein beizutreten, ein Zugang zum sozialen Leben in Nartum versagt geblieben ist. Wirkliche Abwechslung und Zerstreuung fanden wir nur durch unsere regelmäßigen Ausflüge nach Bremen oder Hamburg. Doch auf jeden Ausbruchsversuch aus der dörflichen Umklammerung folgte unweigerlich eine Rückkehr in die Einöde.

In der Kreisstadt Zeven gab es zwei nennenswerte Arbeitgeber. Der eine stellte Gummihandschuhe und Präservative her, der andere belieferte Kraftwerke mit Rohrleitungssystemen. Ich war schon irgendwie erleichtert,

dass meine mittlerweile Verlobte bei letzterem eine Anstellung fand. Zunächst war sie im Einkauf und nach ihrer
Einarbeitung im Geschäftsleitungssekretariat beschäftigt.
Dass sie - zumindest brutto - damals mehr verdient hat
als ich, wurmte mich nur anfangs, ganz kurz. Später
konnten wir mit unserem Wohlstand ganz gut umgehen.
Regelmäßig waren wir Kunde bei der örtlichen Vertretung
eines bayerischen Automobilherstellers und wir fuhren
mindestens zweimal jährlich in Urlaub.

Etwa ein Jahr nach unserem Einzug war die Wohnung
adäquat möbliert und das nächste Projekt wurde ins Auge
gefasst. Unsere eheähnliche Lebensgemeinschaft sollte in
eine legale Verbindung überführt werden - wir wollten
also heiraten. Die sogenannten „wilden Ehen" waren im
Verwaltungswesen der Bundeswehr nicht vorgesehen,
und so wäre ich eigentlich noch zum Wohnen in der militärischen Gemeinschaftsunterkunft verpflichtet. Mein
ständiger Aufenthalt in unserer gemeinsamen Wohnung
war somit quasi illegal. Sehr zum Verdruss meiner Eltern
(hier wiederholt sich Familiengeschichte) heirateten wir,
und ich kam in den Genuss des vollen Ortszuschlags. Ab
diesem Zeitpunkt führte ich einkommenstechnisch wieder.

Das nahende Ende meiner Verpflichtungszeit machte
eine vorübergehend zurückgestellte berufliche Entscheidung wieder dringlich. Meinen Plan, ein finanzielles Polster anzulegen, um dann meinen ursprünglichen Studien-
wunsch verwirklichen zu können, hatte ich irgendwie
nicht umsetzen können. Ich wäre folglich nach meinem
Dienstzeitende wieder auf eine externe Unterstützung
angewiesen. Nach mittlerweile sechs Jahren finanzieller
Unabhängigkeit war es für mich allerdings eine unerträg-
liche Vorstellung, mich von diesem Status wieder zu lösen
und für einen längeren Zeitraum Eltern, Ehefrau oder
anderen Verwandten auf der Tasche liegen zu müssen.
Was lag also näher, als die Übernahme in das Dienstver-
hältnis eines Berufssoldaten anzustreben.

Meine Chancen, mit dieser Aktion erfolgreich zu sein, schätzte ich damals nicht sehr optimistisch ein. Zu gering war der Bedarf an Berufssoldaten meines Jahrgangs und ohne Studium. Aber ich hatte Glück. Einige Wochen nach meiner Antragstellung wurde ich aufgefordert, eine medizinische Tauglichkeitsuntersuchung durchführen zu lassen - ein sicheres Indiz für eine Übernahme. Auf diese Weise hatte ich quasi einen weiteren Bund fürs Leben geschlossen.

Fünf lange Jahre im Teufelsmoor zehrten irgendwann doch an meinen Nerven, und ein Ende wollte sich immer noch nicht abzeichnen. Durch meinen Dienst in der Einöde hatte ich nun wahrlich ausreichend Dankbarkeit für meine „Berufssoldaten-Weihe" bewiesen und griff einen vor langer Zeit verworfenen Plan wieder auf. Ich ersuchte formell um meine Versetzung nach Bayern. Meinem Gesuch wurde umgehend entsprochen, nachdem ich zuvor auf die Erstattung der Umzugskosten verzichtet hatte. Das war es mir wert. Es war mir auch gleichgültig, ob ich an meinem künftigen Standort in Freising bei München genau denselben Job machen sollte, wie die Jahre zuvor - also weiterhin Schichtdienst. Die Hauptsache war, dass mir endlich der große Sprung von der norddeutschen Ödnis ins vermeintliche „weißblaue Paradies" gelungen war. Alles andere war nebensächlich.

Der Wohnungsmarkt war natürlich nicht so „entspannt" wie im Norden, aber nach etwas Suchen fand ich schließlich eine bezahlbare Dreizimmerwohnung in einem Mehrparteienhaus direkt gegenüber der Kaserne. Den Umzug organisierte ich in Form einer sogenannten Beiladung. Dabei wurden unsere Möbel quasi an einen anderen Umzug drangehängt. Das reduzierte die Kosten erheblich. Meine Gattin fand einen Job im benachbarten Eching, der zwar nicht so attraktiv war wie der in Zeven, aufgrund des höheren Lohnniveaus im Münchner Speckgürtel jedoch keinerlei finanzielle Einbußen bedeutete. Beide fanden wir schnell Kontakt und genossen die Vorzüge der hübschen Kreisstadt mit ihrem unverbaubaren

Blick auf die nahe „Weltstadt mit Herz" München. Die „Operation Weißwurst-Äquator" schien ein voller Erfolg zu werden.

Die euphorische Grundstimmung veranlasste uns schließlich, dem Thema der Familienplanung mehr Aufmerksamkeit zu schenken. Wir wollten allmählich unseren Wunsch nach Kindern umsetzen. Dass dies in der Folge sehr schnell gelang, hat uns dann doch ein wenig überrascht. Nachdem sich mein Vater anfangs mit dem Status als Großvater überhaupt nicht anfreunden konnte, ging er später, nach der Geburt seines Enkels, ganz in dieser Rolle auf.

Nach weiteren achtzehn Monaten Schichtdienst kam das erste Angebot einer sogenannten „förderlichen Verwendung". Es sollte noch weiter nach Süden, quasi zurück zum Ausgangspunkt meiner fachlichen Laufbahn, nach Lenggries gehen. Dort sollte ich einen höher dotierten Dienstposten besetzen. Das war zwar wieder mit Schichtdienst aber auch mit einer Beförderung zum Dienstgrad Hauptmann verbunden. Ich sagte also zu und begab mich mal wieder auf Wohnungssuche. An den neuen Wohnort umziehen wollten wir allerdings erst nach der Geburt unseres Kindes. Bis dahin pendelte ich wieder zwischen Dienst- und Wohnort hin und her. Die schichtfreie Zeit verbrachte ich - geburtsvorbereitend - zuhause in Freising.

Es war schon eine ziemliche Umstellung. Meine Ehefrau hörte auf zu arbeiten, unser erster Sohn wurde geboren, und später, nach Ablauf des Mutterschutzes, stand uns nur noch ein Einkommen zur Verfügung. Ich gebe zu, dass mir insbesondere die unruhigen Nächte damals das regelmäßige Pendeln an meinen Dienstort leicht machten. Gelegentlich brauchte ich meinen Schichtdienst, um mich ein wenig zu erholen.

Nachdem unser Erstgeborener aus dem Gröbsten raus war, zogen wir dann von Freising nach Lenggries. Die kleine Doppelhaushälfte fraß zwar die Hälfte meines Gehaltes auf, bot dafür aber reichlich Platz für unsere kleine Familie. Und da ich mit dem Fahrrad in die Kaserne fahren konnte, brauchten wir nur noch ein Auto. Das war allerdings ein wenig schön gerechnet, denn auch nach meiner Beförderung und der damit verbundenen Gehaltserhöhung war das Geld in der Folgezeit immer knapp. Unser Budget war damals ziemlich „auf Rand genäht", und alle nicht planbaren Ausgaben, wie zum Beispiel eine Autoreparatur, brachten unseren Finanzhaushalt ziemlich ins Wanken.

Nach fast zehn Jahren gelang mir mit dem Wechsel auf den Dienstposten des Einsatzoffiziers und Stellvertretenden Staffelchefs endlich der Abschied vom Schichtdienst. Eine Ironie des Schicksals war der Umstand, dass nur ein Jahr später, nach Vollzug der Deutschen Einheit, der Schichtdienst insgesamt aufgegeben wurde. In der Folge verwirrten viele ortsansässige Soldaten ihre Angehörigen durch ihre allabendliche Präsenz. Auch die Familien hatten sich schließlich daran gewöhnt, abends und an den Wochenenden häufig allein zu sein. Die regelmäßigen Arbeitszeiten von montags bis freitags waren auch für mich gewöhnungsbedürftig. Es dauerte seine Zeit, bis auch ich an diesem neuen Rhythmus Gefallen finden konnte.

Unser Sprössling hielt uns sehr auf Trab. Aber trotz Schlafmangel oder Geschrei wegen Blähungen, Zähnen und Langeweile überwog die Freude über das kleine, heranwachsende Leben in unserer Mitte. Mit der Entscheidung für Nachwuchs waren wir uns auch einig darüber, dass es nicht bei einem Kind bleiben sollte. Nachdem unser Erstling seinen ersten Geburtstag gefeiert hatte, reifte der Gedanke, ihm eine Schwester oder einen Bruder an die Seite zu stellen. Und auch diesmal verging zwischen dem Entschluss und dessen Realisierung nicht viel Zeit. Zehn Monate nach seinem ersten Geburtstag war unser Patrick kein Einzelkind mehr.

Es war mir allerdings nicht vergönnt, den Status einer vierköpfigen Familie über einen längeren Zeitraum genießen zu können. Marc, der Zweitgeborene war gerade vier Monate alt, als seine Mutter mich mit ihm und seinem älteren Bruder verließ.

11. Allein

D er österreichische Arzt, Erzähler und Drama-
tiker Arthur Schnitzler formulierte einst den
sinnreichen Satz: „Ein Abschied schmerzt immer, auch
wenn man sich schon lange darauf freut". Das Ende unserer Beziehung war vorhersehbar und konnte eigentlich
niemanden überraschen. Ich habe mich selbst bei Gedan-
kenspielen ertappt, in denen ich wieder „Solist" war. Wegen unserer Kinder habe ich mich dann aber sofort selbst
zur Ordnung gerufen. Und dennoch, auch wenn eine
Trennung sich lange angekündigt hatte, schmerzte deren
Endgültigkeit dann doch.

Es war ein Schock, als ich von einer mehrwöchigen
Dienstreise zurückkehrte und unser Haus verlassen vor-
fand. Die Kleiderschränke offen, auf dem Küchentisch
noch das schmutzige Geschirr vom letzten Frühstück -
und ein Brief. Alles sah irgendwie nach Flucht aus.

Um es vorwegzunehmen - es war definitiv nicht der
Bundeswehr anzulasten, dass sich meine erste Ehefrau
von mir getrennt hatte. Sie konnte sich eigentlich, ebenso
wie ich, überall zuhause fühlen. Im südbayerischen Isarwinkel mit seinem für meine Augen so herrlichen Gebirgspanorama ist sie allerdings nie angekommen. Die
Region, die mir nahezu ans Herz gewachsen war, war ihr
verhasst. Insofern war dies der einzige Umstand, den man
im weiteren Sinne mit der Bundeswehr in Verbindung
bringen könnte. Ausschlaggebend für unser Scheitern
waren aber andere, ganz persönliche Gründe, auf die ich
aber nicht weiter eingehen möchte.

Bereits ein halbes Jahr später war ich dann offiziell
geschieden. Beim Gerichtstermin selbst war ich nicht an-
wesend, weil ich zu diesem Zeitpunkt an der Führungsakademie (FüAk) in Hamburg war. Ich besuchte dort den

Laufbahnlehrgang, der für eine spätere Beförderung zum Stabsoffizier zwingende Voraussetzung war, die sogenannte Fortbildungsstufe C. Viele Kameraden rieten mir davon ab, diesen für die „weitere Karriere" so wichtigen Lehrgang gerade jetzt zu absolvieren, wo ich psychisch doch so belastet sei. Für mich hingegen war dieser Zeitpunkt ebenso tauglich oder untauglich wie jeder andere danach auch. Es gab für mich keinen Grund, eine Teilnahme zu verschieben. Die einzig wirkliche psychische Herausforderung bestand seinerzeit darin, den weiteren Umgang mit meinen Kindern zu pflegen. Außergerichtlich hatten wir Eltern uns auf einen zweiwöchigen Rhythmus bei den Besuchswochenenden geeinigt. Den größten Stress verursacht in dieser Phase das umständliche Pendeln zwischen Hamburg und meinem Wohnort. Freitags fuhr ich mit dem Zug von Hamburg über München nach Lenggries, holte die Kinder ab und brachte sie am Sonntagabend wieder zu ihrer Mutter. Anschließend ging es mit dem Nachtzug wieder zurück nach Hamburg. Um sechs Uhr morgens war ich wieder in der Graf-von-Baudissin-Kaserne, warf mich in die Uniform und saß anschließend „ausgeruht" in irgendeinem Hörsaal. Mein Lehrgangsziel war minimalistisch: Bloß nicht wiederholen müssen!

„*Mens Agitat Molem*, Der Geist bewegt die Materie". Dieses Vergil-Zitat prangt auf dem Wappen der Führungsakademie in Hamburg. Sie ist die „Alma Mater" militärischer Führungskräfte und das Pflichttor für alle, die den Aufstieg in den Höheren Dienst bei der Bundeswehr anstreben. Hier im vornehmen Westen der Hansestadt begegnen sich Offiziere aus dem In- und Ausland, um sich auf künftige, anspruchsvolle Aufgaben in der Bundeswehr, der NATO, der Europäischen Union sowie der Vereinten Nationen vorzubereiten. Räumlich etwas abgesetzt, in der noch edleren Clausewitz-Kaserne, werden die Teilnehmer der zweijährigen Generalstabsausbildung zu militärischen Spitzenkräften herangezogen. An der Führungsakademie war es nie verkehrt, Clausewitz zu zitieren und gottlob hat der preußische General und Militärtheoretiker auch genug Zitierwürdiges hinterlassen. Als erschütternd empfand ich, wie recht umgängliche Kameraden im Laufe des Lehrgangs mental immer mehr verkrampften und sich dabei auf das Ziel fokussierten, für eine anschließende Generalstabsausbildung qualifiziert zu sein. Ich ließ mich von derlei Umtrieben nicht anstecken und konnte überdies auch mit dem etwas elitären Gehabe nicht viel anfangen. Vielmehr versuchte ich, den fünf Hamburg-Monaten das Beste abzuringen. Am Ende schloss ich den Lehrgang mit einer Dreikommanull ab und wurde in der Folge für „höhere Weihen" nicht mehr betrachtet. Mission erfüllt!

Unser Haus in Lenggries hatte ich bereits kurz nach der Trennung geräumt und war in ein Zwei-Zimmer-Appartement im Offizierheim der Prinz-Heinrich-Kaserne gezogen. Das war ein absoluter Glücksfall. Das Offizierheim war ein kleines Schlösschen, lag außerhalb der Kaserne, bot ausreichend Platz für die Besuchswochenenden und kostete nicht viel. Wegen meines deutlich gestiegenen Kilometerpensums hatte ich meinen durstigen Benziner zwischenzeitlich verkauft und gegen einen sparsamen Diesel eingetauscht. Trotz der erheblichen Unterhaltsleistungen für meine Kinder stand ich finanziell eigentlich besser da als zuvor.

Der Umgang mit meinen Kindern wurde zu einer ebenso regelmäßigen wie schönen Routine. Jedes zweite Wochenende holte ich sie ab und wir verbrachten stets eine unterhaltsame Zeit in Lenggries. Wir gingen schwimmen oder Schlittenfahren, jagten auf der Streidl-Alm Wolpertinger und aßen uns mehrfach durch die vorzügliche Speisekarte des Offizierheims. Einmal im Jahr fuhren wir in die Sommerfrische zu meinen Eltern. Die hatten sich zwischenzeitlich, nach der Pensionierung meines Vaters, ihren Traum von einem Haus in der Toskana erfüllt. Es war zwar nicht ganz die Toskana, sondern der Lago Trasimeno im benachbarten Umbrien, aber das war bestimmt kein Makel. Das ehemalige Bauernhaus lag idyllisch, hatte einen Swimmingpool, und mein Vater machte seinen eigenen Wein. In den folgenden Jahren war es für meine Jungs nie eine Frage, wohin wir in Urlaub fahren sollten, sondern wann und vor allem wie lange wir Oma und Opa besuchen würden. Es war immer eine unvergesslich schöne Zeit, in der sich Jahr für Jahr die gesamte Familie, in einer Vier-Generationen-Konstellation, unter dem großzügigen Dach von „Bertoni 47" zusammenfand. Das Haus am Lago entwickelte sich zu einem familiären Zentrum, das es in dieser Form, zuhause in Deutschland, vermutlich nie gegeben hätte.

In den bayerischen Bundeswehrstandorten gab es ein Phänomen, das in Lenggries ganz besonders ausgeprägt war. Es war eine gewisse Sesshaftigkeit, die nicht zwangsläufig mit einem Karriereverzicht verbunden war. Grundsätzlich galt für die Bundeswehr das Gebot der uneingeschränkten Mobilität, wollte man gefördert und befördert werden. Im südlichsten Luftwaffenverband war das geringfügig anders. Hier existierte eine Unterform der Gattung „Offizier", die während ihrer gesamten soldatischen Laufbahn nie etwas anderes gesehen hatte als die Prinz-Heinrich-Kaserne. Allein zum Besuch von unvermeidlichen Lehrgängen zwang man sich für kurze Zeit nach auswärts. Irgendwie schafften es die Lenggrieser, weitestgehend unter sich zu bleiben. *„Mir san mir"* ist eine in Bayern gebräuchliche Redensart, und die ließ sich auch hier anwenden. Nach der Offizier- und der Fachausbildung fing man als Leutnant oder Oberleutnant auf der Arbeitsebene an und wurstelte sich ohne räumliche Veränderung bis zur vorruheständlerischen Stabsverwendung hoch. Der Anspruch auf einen Verbleib wurde zusätzlich durch den Erwerb einer Wohnimmobilie zementiert. Mein Vater prägte für diese Spezies den Begriff des „sesshaften Wehrbauern".

Mir gelang dieses dienstliche Kunststück nicht in Perfektion, aber zumindest ansatzweise. Nachdem ich über einen längeren Zeitraum, immer wieder betont hatte, meinen langjährigen Weggefährten Friedhelm auf seinem

Dienstposten im Geschwaderstab zu beerben, wurde ich tatsächlich ein weiteres Mal versetzt, ohne umziehen zu müssen. Damit hatte ich auch den dritten Dienstposten an diesem Standort und brachte es auf eine respektable Verweildauer von fast sechs Jahren.

12. Der Chef

Sechs Jahre am Stück an einem Ort. Ich musste erst über dreißig Jahre alt werden, um diesen Luxus erleben zu dürfen. Das mag Kopfschütteln hervorrufen, aber für jemanden, der zeitlebens in der Bundeswehr sozialisiert wurde, war das wirklich etwas ganz Besonderes. Und, ich hatte eigentlich noch nicht genug.

Ich hätte mir durchaus vorstellen können, bis zum Ende meiner Dienstzeit im Isarwinkel bleiben zu können. Die Verbindung zu meinen Kindern konnte unter den gegebenen Umständen nicht besser sein. Ich konnte meine Vaterfreuden ausleben und im Anschluss daran wieder das Junggesellendasein genießen. Das Arbeitsklima war ausgesprochen gut, ich hatte einen großen Freundeskreis, und nicht zuletzt hat die Region zu jeder Jahreszeit einen hohen Freizeitwert. Warum also irgendetwas verändern?

Gelegentlich passieren Veränderungen aber einfach, ganz ohne eigenes Zutun. Die Erste traf mich wie der häufig zitierte Blitz aus heiterem Himmel. Es war der Umzug meiner mittlerweile wiederverheirateten Ex-Frau mit unseren Kindern in die Nähe von Düsseldorf. Und damit nicht genug. P. verfolgte äußerst hartnäckig das Ziel, mich auf einen Chefposten in Delmenhorst versetzen zu wollen. Es war ein richtiges Debakel. Warum konnte nicht alles einfach so bleiben, wie es war?

Mir war klar, dass der weitere Umgang mit meinen Jungs auf die große Entfernung in gewohnter Weise nicht möglich sein würde. Zugleich wollte ich aber nichts weniger, als wieder zurück in den Norden, dem ich ja mit viel Mühe und auf eigene Kosten entronnen war. Letztendlich war es das überraschende Angebot meines ehemaligen Vorgesetzten Karl Heinz S., das mein Schicksal in eine unerwartete Richtung wendete. Gerade zum Kommandeur in Schöneck bei Frankfurt gekürt, fragte er mich, ob eine vakante Chefstelle bei ihm für mich annehmbar wäre. In einer Versetzung in die geografische Mitte unseres Landes sah ich die in meiner Situation einzige akzeptable Lösung. Ich sagte mit Freude zu.

Wenn man an einem kleinen Bundeswehrstandort wie Schöneck-Kilianstädten einen von vier Chefsesseln übernimmt, dann ist das schon ein kommunales Ereignis, das sogar in der örtlichen Tagespresse wahrgenommen wird. Schon die einwöchige Übernahme der Dienstgeschäfte vom Vorgänger mit einer umfassenden Einweisung in das Personalwesen, die peniblen Materialzählungen und nicht zuletzt der feierliche Übergabeappell signalisieren, dass nun eine Aufgabe anstand, die anders sein würde als die bisherigen. Künftig wird auch nicht mehr *„Im Auftrag"* unterschrieben, sondern in eigener Verantwortung als der „Staffelchef". Die Führung von bis zu einhundert Soldaten und zivilen Mitarbeitern sowie die Materialverantwortung in Höhe von mehreren Millionen - damals noch D-Mark - waren eine Herausforderung, die anfangs schon ein wenig beängstigend sein konnte. Aber ich war mehr als bereit, mich dem zu stellen. Was noch irgendwie im Nebel vor mir zu liegen schien, erfüllte mich mit einer freudigen Erwartung. Erstmals spürte ich so etwas wie den Ehrgeiz, meinen Auftrag zum Besten aller Beteiligten (was und wer das auch immer sein mochte) zu erfüllen. Und genau dieser Auftrag, der Schutz der „United States Rhein-Main-Airbase" auf dem Gelände des Frankfurter Flughafens, hatte sich kurz nach meinem Dienstantritt, durch den Abzug der Amerikaner, erledigt. In meiner damaligen Orientierungslosigkeit fragte ich meinen Kommandeur, was ich ohne einen konkreten Auftrag nun tun solle? "Beklagen Sie diesen Umstand nicht, sondern nutzen Sie ihn", war dessen knappe Antwort.

Ich war nie sehr schnell damit, Menschen in meiner Umgebung als Freunde zu bezeichnen. Auch in meinem dienstlichen Leben war das nie anders. Die Anzahl derer, die ich als Kameraden bezeichnen würde, beschränkt sich auf eine Handvoll Weggefährten. Karl Heinz S. ist einer davon. Ich rechne ihm, dem ich bis zum heutigen Tag verbunden bin, hoch an, dass er mir einen kreativen Freiraum zubilligte, den ich nie zuvor gehabt hatte - und anschließend auch nie wieder haben sollte. Und letztendlich war dies auch das Startsignal für eine Zeit, die die schönste meiner gesamten Bundeswehrlaufbahn werden sollte.

Mein Umzug war leider auch mit der Aufgabe meiner lieb gewonnenen Schlosswohnung in Lenggries verbunden. In der Nähe meines neuen Dienstortes fand ich eine neue, erschwingliche Bleibe in einer nahezu vollverglasten Dachwohnung. Auch hier sollte das zeitweise Zusammenleben mit meinen Jungs möglich sein. Die fanden es richtig toll, dass man aus dem zentralen Wohn-Essbereich einen quasi unbegrenzten Panoramablick hatte. Außerdem war jede Menge Platz, um auf dem Fußboden die Modelleisenbahn aufzubauen und mit Bauklötzen ganze Landschaften entstehen zu lassen. Nicht zuletzt hatte auch die Eisdiele im Parterre des Hauses ihren Anteil daran, dass mein neuer Wohnsitz begeistert aufgenommen wurde.

Etwas aufwändiger als bisher war die Organisation der Besuchswochenenden. Frankfurt war Mitte und Düsseldorf war Westen. Dazwischen lagen immerhin zweihundertdreißig Straßenkilometer einfache Distanz. Häufig vereinbarten meine Ex-Frau und ich als Treffpunkt für die Übergabe der Kinder ein Schnellrestaurant in der Nähe des Autobahnkreuzes Olpe-Süd. Die Sommerferien verbrachten wir, wie bisher auch, in Piana. Wegen der weiten Anreise nutzten wir dafür allerdings häufiger das Flugzeug.

Dienstlich hatten wir es mittlerweile vollbracht, den weggefallenen Schutzauftrag für die Amerikaner vollständig zu kompensieren. Aus heutiger Sicht kann ich meinem damaligen Führungsteam nur Anerkennung für deren ausgeprägte Kreativität bei der Schaffung von Auftragsalternativen zollen. Zunächst dienten wir einer amerikanischen Hubschraubereinheit bei deren Einsatzvorbereitungen für den Irak als „Sparringspartner". Im Rahmen von gemeinsamen Übungen zeigten wir ihnen die Schwachpunkte ihrer Apache-Kampfhubschrauber und ihrer ihrer Einsatzdoktrin auf. Im Gegenzug gewannen wir wertvolle Erkenntnisse über unser eigenes Waffensystem. Darüber hinaus betrieben wir konzeptionelle Studien zur Einbindung des ausschließlich für den Objektschutz vorgesehenen Waffensystems ROLAND in einen größeren Wirkverbund. Dabei kam erstmals auch eine Lichtwellenleiter-Technik zum Einsatz, die unsere Techniker maßgeblich entwickelten. Nach etwa zwei Jahren fühlte ich mich allerdings schon fast wie Goethes „Zauberlehrling", der die Geister, die er rief, nicht mehr loswurde. Ich war sehr viel unterwegs, um neue Verfahren und technische Komponenten zu testen, oder um unsere Arbeitsergebnisse zu präsentieren.

Für den Einsatz im Rahmen der Krisenreaktion wurden wir einem Einsatzverband in Husum (Schleswig-Holstein) unterstellt. Das war auch nicht eben um die Ecke. Anlässlich von Chefbesprechungen hatte ich eine Anreise von mehr als sechshundert Kilometern und war insgesamt drei Tage unterwegs. Als Einheit waren wir damals bei allen großen Übungen dabei: ADVENTURE EXCHANGE im spanischen Saragossa, ROVING SANDS in der Wüste Neu Mexikos oder AMBER EXPRESS an der deutsch-polnischen Grenze. Das bedeutete nicht nur eine jeweils mehrwöchige Übungsteilnahme, sondern war auch mit einer zeitaufwändigen Vor- und Nachbereitung verbunden. Konferenzen, Vor- und Nachbesprechungen, Bahn- und Schiffsverladungen nahmen oftmals mehr Zeit in Anspruch als die Übung selbst. Insgesamt siebenmal bescherten uns Schul- und taktische Schießen einen dienstlichen Aufenthalt auf der griechischen Mittelmeerinsel Kreta. Zweimal kämpften wir im Hochwassereinsatz an der Oder. Es war eine rasante und spannende Zeit, aber irgendwann spürte ich die Verpflichtung, das Tempo ein wenig herunterbremsen zu müssen.

Das Schlüsselpersonal war hoch belastet, und einige Kameraden hatten wegen der vielen Überstunden und langen Abwesenheitszeiten zunehmend private oder gar gesundheitliche Probleme. Meinen Vorgesetzten, die mittlerweile alle ausgewechselt worden waren, fehlte leider das erforderliche Verständnis für meine Besorgnis. Für meine „Entschleunigungskampagne" erhielt ich keinerlei Unterstützung. Mir blieben daher nur unkonventionelle und leider auch karriereschädliche Optionen, um die Arbeitsbelastung wieder auf ein vertretbares Maß zurückzuführen. In einem Fall war dies nur durch die Einschaltung des Wehrbereich-Dekans möglich. Das wurde mir als „Akt der Piraterie" zum Vorwurf gemacht.

Heute, in meiner eher weichzeichnenden Rückschau auf die Zeit als „Chef der Ersten" drängen sich eher die schönen Erinnerungen in den Vordergrund. Der kameradschaftliche Zusammenhalt und ein „Wir-Gefühl", das uns vielfach geneidet, gelegentlich auch zum Vorwurf gemacht wurde. Die Befriedigung, die aus der gemeinsamen Bewältigung zahlreicher Herausforderungen erwachsen ist. Und nicht zuletzt die äußerst unterhaltsamen Weihnachtsfeiern im Vogelsberg, die schier endlosen „Missile-Away-Parties" auf Kreta, das Zeltlager im spanischen Saragossa, die Motorradausfahrten und eine Wette, ob es möglich wäre, einen Reisebus anzuschieben. Das alles waren Erlebnisse und Momente, die meine Chefzeit für mich unvergesslich machen.

13. Wieder vereint

Es war natürlich in erster Linie meinem Single-Dasein zuzuschreiben, dass ich mich vollkommen auf meinen dienstlichen Einsatz fokussieren konnte. Ohne Rücksicht auf eine partnerschaftliche Beziehung nehmen zu müssen, durfte ich mich vollkommen meiner Arbeit widmen. Heilig waren mir in meiner Chefzeit nur die Kinder-Wochenenden, denn diese waren in einem vierzehntägigen Rhythmus für meine Jungs reserviert. In den Phasen dazwischen konnte mein Dienstherr ohne Einschränkung über mich verfügen - wovon dieser auch reichlich Gebrauch machte.

Nachdem ich im Jahr 1995 fast durchgängig mit der Planung und Durchführung der ersten NATO-Übung auf spanischem Boden beschäftigt war und in der Vorweihnachtszeit auch noch das erste taktische Schießen auf Kreta zu organisieren hatte, erreichte mich zum Jahresabschluss die Nachricht, dass ich im folgenden Jahr für sechs Monate an das damalige Luftwaffenführungskommando ausgeliehen werden sollte. Für ein Sonderprojekt gab es keinen entsprechenden Dienstposten, und so musste dies über den Weg einer personellen Abstellung geregelt werden. Ein wesentliches Kriterium, weshalb gerade ich für diese Aufgabe ausgewählt wurde, war natürlich einmal mehr der Umstand, dass ich alleinstehend und somit verfügbar war. Die zynische Reaktion auf meine Frage, ob ein Single nicht auch einen gewissen Anspruch auf Lebensqualität hätte, war der lapidare Hinweis auf dessen vermeintlich höhere Flexibilität. Hätte ich damals wieder eine feste Partnerin gehabt, wären die Jahre 1995 und 1996 definitiv das Ende einer weiteren Beziehung gewesen.

Meinen Widerstand gegen meine „Ausleihung" gab ich nicht zuletzt deshalb auf, weil der Kölner Einsatz auch einen positiven Nebeneffekt hatte. Die kürzere Distanz zum Wohnort der Kinder und die Möglichkeit, sie im Haus meiner Eltern unterbringen zu können, machten die Kontaktpflege sogar etwas komfortabler. Meine eigene Wohnung habe ich in dieser Zeit allerdings kaum gesehen.

Pünktlich zum Jahresbeginn trat ich meinen Dienst im „Heldenfriedhof" zu Köln-Wahn an. Im Verlauf des Einführungsgesprächs deutete mein Gruppenleiter an, dass ich mich, bei entsprechender Leistung, für einen dauerhaften Verbleib in der Kommandobehörde qualifizieren könne. Diese Perspektive versetzte mich spontan in Panik, und ich nahm mir fest vor, keinen allzu guten Eindruck zu hinterlassen. Ich will nicht behaupten, dass meine Zeit in Köln nicht auch interessant gewesen wäre, aber ich konnte feststellen, dass eine derart große Organisation, mit ihren komplexen Strukturen und dem Behördencharakter, grundsätzlich nicht mein Fall war. Als kleiner Staffelchef in der Provinz fühlte ich mich definitiv wohler.

In meine Kölner Zeit fiel ein weiteres Ereignis, das für mein weiteres Leben richtungsweisend werden sollte. Meine geschiedene Frau trennte sich erneut von einem Ehemann und mit mittlerweile vier Kindern deutete sich eine gewisse Überforderung an. In langen Gesprächen kam ich mit ihr überein, dass meine beiden Söhne künftig bei mir leben sollten. Als Zeitpunkt für den Wechsel legten wir den Beginn des folgenden Schuljahres fest. Das gemeinsame Sorgerecht sollte unverändert weiterbestehen. Nicht wenige aus meinem Bekanntenkreis fragten besorgt, ob ich mir das auch gut überlegt hätte. Schließlich sei dies eine enorme Belastung und vermutlich auch nicht mit einer weiteren militärischen Karriere vereinbar. Die vorgetragenen Argumente waren alle stichhaltig, nur gab es meiner Überzeugung nach keine Entscheidungsalternative. Es ging um nichts weniger als das Wohlergehen meiner Kinder. Die Option, sie aus „Vernunftgründen" ihrem weiteren Schicksal zu überlassen, hat es für mich einfach nicht gegeben.

Es war eine glückliche Fügung und weniger mein Verdienst, dass sich mein Kölner Sonderauftrag vorzeitig erledigt hatte. Und da auch von einem weiteren Verbleib in Köln nicht mehr die Rede war, konnte ich bereits nach drei Monaten wieder an meinen Schönecker Standort zurückkehren. Es war ein richtig gutes Gefühl, wieder unter meinen „dunklen Stein" kriechen zu können, wie der Dienst an der Basis etwas abfällig tituliert wurde. Viel Zeit zum Ausruhen blieb allerdings nicht, denn bis zum Einzug meiner Söhne im Sommer war noch einiges vorzubereiten. Ich organisierte eine Tagesbetreuung, meldete die beiden an der ortsansässigen Grundschule an und richtete meine Wohnung auf den dauerhaften Zuwachs ein. Bei all meinen Planungen und Maßnahmen bekam ich immer wieder zu spüren, was für ein Exot ein alleinerziehender Vater doch war. Ich jedenfalls kannte keinen anderen. Für mich war damals die Frauenbeauftragte der Gemeinde eine gute und kompetente Ansprechpartnerin

Im Sommer war es dann so weit. Ich holte meine Kinder mitsamt ihrem „Betriebsapparat" ab und integrierte sie in mein Leben. Den Einzug und die Einschulung feierten wir bei „Chichis" in Hanau. Ein mexikanisches Restaurant in einer amerikanischen Kaserne, das in der Folgezeit zu so etwas wie unser Stammlokal werden sollte.

Die wahre Herausforderung war natürlich, künftig meine familiären Verpflichtungen mit den dienstlichen Erfordernissen zu koordinieren. Was mache ich, wenn ich dienstlich verreisen muss, oder wenn die Kinder krank sein sollten? Wenn ich länger arbeiten muss, wer übernimmt deren Betreuung? Sauber getaktete Zeitlinien reagieren äußerst empfindlich auf Störgrößen. Letztendlich musste ich etwas akzeptieren, was mir bis dahin eher ein Gräuel war. Trotz aller planerischen und organisatorischen Maßnahmen wurde das Improvisieren zum Tagesgeschäft.

Der Beginn unserer neuen gemeinschaftlichen Lebens war vielversprechend. Früh morgens packte ich zwei „aufgeweckte Kinder" in mein Auto und brachte sie zur Tagesmutter. Dort bekamen sie ihr Frühstück und machten sich anschließend auf den Schulweg. Nach der Schule gingen sie wieder zur Tagesmutter, aßen dort zu Mittag und machten ihre Hausaufgaben. Den weiteren Nachmittag gestalteten der Fußballverein oder ortsansässige Klassenkameraden. Abends, nach Dienstschluss, holte ich meine Jungs wieder ab, und wir fuhren nach Hause. Während eines gemeinsamen Abendessens ließen wir die wesentlichen Ereignisse des vergangenen Tages Revue passieren und besprachen dann die bestimmenden Themen für den nächsten. Als quasi finaler Akt wurden die Schultaschen gepackt, um am nächsten Morgen einen geordneten Abmarsch sicherstellen zu können. Nach einer Folge aus der Zeichentrickserie „Käpt´n Balu und seine tollkühne Crew" war schließlich Zapfenstreich.

Müßig zu erwähnen, dass dieser wohl gestaltete Tagesablauf nach wenigen Wochen erodieren würde. Morgens trieb ich zwei apathische Buben vor mir her, die noch auf dem Weg zur Tiefgarage ihre Garderobe vervollständigten. Nicht selten kehrten wir bereits im Treppenhaus ein- bis zweimal um, weil wichtige Tagesutensilien in irgendwelchen Stoffbeuteln noch an irgendeiner Türklinke hängen geblieben waren. Einem Tag, der so vielversprechend begann, vermochte gelegentlich nur ein geschenktes Eis aus Costas erster Tagesproduktion noch eine positive Wendung zu geben. Leider ging unsere Eisdiele im Oktober in die Winterpause.

Es folgten fünfzehn lange Straßenkilometer mit wiederkehrenden Diskussionen über die Humorlosigkeit der Lehrer sowie die unverhältnismäßige Strenge der Tagesmutter. Gerade in meinem Dienstzimmer eingetroffen, klingelte bereits zum ersten Mal das Telefon. Eine verstörte Tagesmutter verkündete, dass sich mein Jüngster im Gäste-WC eingeschlossen habe und sich weigere, in die Schule zu gehen. Also befreite ich den Verweigerer aus seiner selbst gewählten Zelle und trug den wütend Zappelnden höchst persönlich in die Schule. Von einem Arbeitskollegen, der eigene Kinder angeliefert hatte, wurde ich später gefragt, ob ich diese Verfahren täglich praktizieren würde. Die abendliche Rückfahrt an unseren Wohnort wurde wiederum für leidenschaftlich vorgebrachte Anklagen zum Thema: Die Unfähigkeit der Lehrer und die mangelnde Flexibilität der Tagesmutter" genutzt. („Und täglich grüßt das Murmeltier")[7]

Die skizzierten Tagesabläufe waren selbstverständlich Extreme. Sie bildeten jeweils die linke und rechte Grenze eines Spektrums innerhalb dessen sich unser normales Leben abspielte. Wie in den meisten „normalen Familien" gab es auch bei uns sehr gute und - gute Tage. Was mir gelegentlich zu schaffen machte, war meine eingeschränkte Bewegungsfreiheit, denn ich hatte ja bei der Brutpflege keine Ablösung. Meine außerdienstliche Teilhabe am gesellschaftlichen Leben fokussierte sich auf Elternabende, Schulfeste und die zahlreichen Gespräche mit Lehrern. Eine willkommene Abwechslung boten lediglich die Kinoabende mit einem guten Freund, unserem Truppenarzt.

Nach ein paar Monaten des Zusammenlebens dräute die Erkenntnis, dass meine Zwei-Zimmer-Wohnung für einen Single-Haushalt zwar den idealen Zuschnitt hatte, für uns drei aber ein ständiges Provisorium geblieben war. Zudem verloren wir durch die räumliche Trennung von Wohnung und täglichem Aufenthalt viel Zeit und Lebensqualität. So fasste ich den Entschluss, einen weiteren Umzug auf mich zu nehmen. In Kilianstädten bezogen wir eine schöne Vier-Zimmer-Wohnung, die gleichermaßen fußläufig zu Kaserne und Schule lag und darüber hinaus jedem Bewohner einen eigenen Rückzugsraum bot. Unser Umzug sollte sich nur wenig später als richtig erweisen, nachdem uns die Tagesmutter äußerst kurzfristig kündigte. Das warf uns deshalb nicht aus der Spur, weil wir mit

---

[7]   In der Filmkomödie von 1993 (Originaltitel: *Groundhog Day*) spielt Bill Murray einen zynischen Meteorologen, der in einer Zeitschleife festsitzt und denselben Tag immer wieder erlebt.

dem örtlichen Kinderhort verzugslos eine Betreuungsalternative fanden. Die kurzen Entfernungen innerorts machten es sogar möglich, im Krankheitsfall Dienst und Pflege vereinbaren zu können.

14. Alptraum Versetzung

Niemand, der nicht denselben Spagat zwischen Berufs- und Privatleben machen muss, wie alleinerziehende Mütter oder Väter, kann ermessen, wie zerbrechlich die Organisation eines Tagesablaufs sein kann. Glücklich können sich diejenigen schätzen, denen das Kunststück gelungen ist, eine halbwegs störungsresistente Umgebung zu schaffen.

Ich war mir völlig im Klaren darüber, welchem Herrn ich diente. Mir war bewusst, dass ich grundsätzlich mit Veränderungen zu rechnen hatte. Und genau aus diesem Grund erkundigte ich mich vor meiner Entscheidung, am Standort noch einmal umzuziehen, bei P. nach dem Stand meiner „Karriereplanung". Mir wurde prompt versichert, dass in nächster Zukunft für mich keinerlei Veränderungen geplant seien. Derart beruhigt packte ich meine Sachen und zog auf eigene Rechnung aus dem Langenselbolder Appartement in eine Kilianstädter Vierzimmerwohnung. Die frische Wandfarbe war allerdings kaum getrocknet, und die organisatorischen Zahnrädchen begannen langsam wieder ineinander zu greifen, da wurde ich kurzfristig zu einem Personalgespräch geladen. Mit meiner Nachfrage hatte ich wohl einen schlafenden Bären geweckt. Die Forderung nach „uneingeschränkter Mobilität" und „Verwendungsbreite" waren die ernüchternden Kernbotschaften aus dieser Begegnung. Es wurden einige Optionen besprochen, die aber ausnahmslos einen Ortswechsel erforderlich machen würden. „Er mache das ja schließlich nicht, weil er mich hassen würde", meinte damals mein P. „Aber eine Förderung am selben Standort sei ausgeschlossen". Warum so etwas grundsätzlich nicht möglich gewesen sein sollte, habe ich bis zum Ende meiner Dienstzeit nicht begriffen. Zumal ich einige Ausnahmen gesehen hatte. Mich beschlich das Gefühl, dass das

Verständnis für meine Lebenssituation grundsätzlich und abrupt dort endete, wo dienstliche Interessen berührt waren. Auch in meinen Beurteilungen fanden sich immer häufiger Hinweise darauf, dass ich meine privaten Interessen den dienstlichen Erfordernissen unterordnen sollte. In einem Gespräch wurde mir lakonisch eröffnet, dass „ich leider nicht mehr so verfügbar sei, wie zuvor".

Ich mache keinem der damals Beteiligten heute noch einen Vorwurf. Mangels eigener Erfahrung konnte eigentlich niemand ein Verständnis dafür entwickeln, welch außergewöhnliche Belastung für mich mit jedem Standortwechsel, mit jedem Umzug verbunden war. Alle meine Vorgesetzten und diejenigen, die für meine „Verwendungsplanung" Verantwortung trugen, praktizierten in ihrem eigenen Privatleben die eher klassische Rollenverteilung. Der Soldat ging in den Dienst und seine Frau kümmerte sich um Haus und Kinder. Im Fall einer Versetzung ging der Soldat voraus und die Familie folgte in einem zeitlich angemessenen Abstand. Während meiner gesamten Dienstzeit bin ich keinem „Leidensgenossen" begegnet, der sich um alles, was rund um Versetzung und Wohnortwechsel anfällt, selbst kümmern musste. Und so kam ich mir immer dann, wenn ich um Verständnis für meine Situation als Alleinerziehender werben musste, und das nicht nur anlässlich von Versetzungen, sondern wegen auch ganz alltäglicher, außerplanmäßiger Ereignisse, irgendwie unverschämt vor.

Mittlerweile hatte ich verstanden, dass eine Veränderung unumgänglich war und meine persönliche Situation in diesem Zusammenhang nur eine nachrangige Rolle spielen würde. Die Einplanungsvorschläge, die in hoher Frequenz über mir hereinbrachen, waren für mich fast ausnahmslos inakzeptabel. Zum Silberstreifen am Horizont entwickelte sich ein neuer Dienstposten an der Gruppe Taktik, Technik und Verfahren im texanischen Fort Bliss. Dort, an der „Alma Mater" der Flugabwehrraketentruppe, sollte ich in einer Arbeitsgruppe die Expertise, die ich während meiner Schönecker Chefzeit angesammelt hatte, wirkungsvoll einbringen. Und am größten Luftwaffenstandort im Ausland ließe sich auch die Betreuung für meine Kinder in nahezu idealer Weise organisieren. Sogar eine Dienstreise wurde genehmigt, damit ich mir vor Ort einen Eindruck über meine neuen Aufgaben verschaffen konnte. Außerdem durfte ich mich über geeigneten Wohnraum, Schulen und Betreuungsmöglichkeiten informieren. Es sah wirklich alles nach einer „Goldrand-Lösung" aus. Nach meiner Rückkehr informierte ich meine Jungs, dass uns drei wunderbare Jahre bevorstehen würden. Kurz darauf erhielt ich die Nachricht, dass die Haushaltsmittel für die Schaffung meines neuen Dienstpostens, entgegen allen Erwartungen, nun doch nicht bereitgestellt würden. Eine Seifenblase zerplatzte mit einem Riesenknall.

Unsere Enttäuschung war riesengroß. Aber mir war klar, dass ich, um weiteren Attacken der Personalführung zuvorzukommen, nun selbst aktiv nach einem geeigneten Dienstposten suchen musste. Auf den Hinweis eines Bekannten bewarb ich mich beim „Amt für Militärkunde (AMK)", damals eine sogenannte Legendenbezeichnung für den militärischen Anteil beim Bundesnachrichtendienst (BND). Relativ zügig durchlief ich das Bewerbungsverfahren sowie die umfassende Sicherheitsüberprüfung.

Nur wenige Wochen nach meinem Vorstellungsgespräch erhielt ich bereits meine offizielle Versetzungsverfügung. Der Dienstantritt in Pullach sollte nur zwei Wochen später erfolgen. In meiner Situation war das natürlich völlig ausgeschlossen. In zähen Verhandlungen erwirkte ich einen vierwöchigen Aufschub, der zur Wohnungssuche, zur Umschulung meiner Kinder und zur Regelung der Betreuung reichen musste. Mir ist es bis heute schleierhaft, wie es mir gelungen ist, diese zahlreichen Herausforderungen rund um meine Versetzung, in dieser kurzen Zeit zu meistern.

Mehrmals fuhren wir Richtung München und Oberbayern, um in einer Region mit dem wahrhaft „span-
nendsten" Wohnungsmarkt Deutschlands für uns eine
passende Bleibe zu finden. Neben den Kosten musste ja
auch die richtige Konstellation zwischen Wohnung, Ar-
beitsstätte, Schule und Betreuungseinrichtung berücksichtigt werden. Es war ja schließlich nicht möglich, erst
einmal umzuziehen, um dann alles andere nach und nach
zu entwickeln. Der neue Wohnort und das neue Lebens-
konzept mussten in einem Guss zeitgleich aus dem Boden
gestampft werden. Genau diese äußerst schwierige und
komplexe Choreographie haben die meisten meiner Vorgesetzten damals nicht verstanden.

Fündig wurden wir in meiner „alten Heimat", dem
Isarwinkel. Nicht, dass ich es etwa unterlassen hätte,
ernsthaft auch in München selbst und dem Speckgürtel
rundherum zu suchen. Aber letztendlich war es dort einfach zu teuer. In Bad Tölz fand ich eine dreieinhalb-Zim-
mer-Wohnung, zentral gelegen, in Schulnähe und erschwinglich. Es gab das Regenbogenland für die Ganz-
tagsbetreuung, und für außergewöhnliche Situationen
stand mir ein großer Bekanntenkreis zur Verfügung. Bis
zum Umzug bewohnten wir in Lenggries ein Ferienappar-
tement. Die Einschulung klappte reibungslos, und mein
Jüngster schaffte mühelos den Übertritt in das Gymnasi-
um. Das mag auch den naheliegenden Grund gehabt haben, weil sich damit sein Schulweg halbieren würde. Aber
letztendlich zeigte er auch sein Potenzial, wenn er nur
ausreichend gefordert und motiviert war.

Alle Signale schienen auf Grün zu stehen. Wir konnten
uns schnell akklimatisieren, waren sozial eingebunden
und genossen den hohen Freizeitwert der Region. Ein
Wermutstropfen war allerdings die tägliche Pendelei nach
Pullach, die insbesondere im Winter lange Fahrzeiten be-
dingte. Der Wecker klingelte damals um fünf Uhr. Bis
sechs Uhr waren die Kinder zu wecken, zu versorgen und
für den Tag auszustatten. Anschließend begann mein Weg
zur Arbeit. Wenn alles gut lief, war ich bis sieben im Büro.

Gegen siebzehn Uhr versuchte ich den Heimweg anzutreten, um bis achtzehn Uhr wieder zuhause zu sein. Eingekauft habe ich meistens in der Mittagspause. Das war der eng getaktete Plan, der einige sehr wirkungsträchtige Variablen nicht berücksichtigen konnte. Krankheit, Auftrags- und Schwerpunktlage des Dienstherrn und Winterwetter waren Einflussgrößen, die organisatorisch nicht beeinflussbar waren.

Besonders gruselig ist die Erinnerung daran, wenn kurz nach meiner morgendlichen Abfahrt zum Dienst mein Handy klingelte. Dann waren meist spannende Fragen nach einem Verbleib des Sportbeutels zu klären, oder es war versäumt worden, mich um den ausstehenden finanziellen Beitrag für eine Klassenfahrt zu bitten. Die Frage am Abend zuvor: "Habt ihr alles für morgen?" war natürlich bejaht worden. Es hatte sich eigentlich wenig geändert. Flexibilität und Krisenmanagement blieben wesentliche Fähigkeiten.

Eigentlich hatte ich nie ein gutes Gefühl dabei, meine Kinder zwischen Schulende und meiner Rückkehr sich selbst zu überlassen. Anders als am vorherigen Wohnort konnte ich ja nicht „eben mal" von der Arbeit nach Hause kommen, wenn eine außergewöhnliche Situation dies erforderte. Auch die Unterbringung im „Regenbogenland" war keine glückliche Lösung. Nach der Schule, die ja in unmittelbarer Nachbarschaft zu unserer Wohnung lag, mussten die Jungs mit dem Bus in einen Tölzer Außenbezirk fahren und abends wieder zurück. Das empfanden sie beide verständlicherweise als schikanös. Zudem passten sie als zehn- und zwölfjährige Gymnasiasten nicht mehr ganz in das Betreuungsspektrum. Aus diesen Gründen favorisierte ich damals eine radikale Lösung und machte mich auf die Suche nach einem geeigneten Internat. Selbstverständlich habe ich die Beiden in diese Suche eingebunden. Wir sind viel durch Oberbayern gereist und haben mit Sicherheit alles gesehen, was die Region in diesem Segment zu bieten hatte - und das ist nicht wenig. Unsere Wahl fiel schließlich auf das Landschulheim

(LSH) Marquartstein im Chiemgau. Es hatte als Bildungseinrichtung einen hohen Standard, lag in äußerst reizvoller Landschaft mit einem sehr hohen Freizeitwert und verfügte über eine Top-Ausstattung. Und nicht zuletzt machte es die Subvention durch den Freistaat Bayern für mich überhaupt erst erschwinglich.

Für meine Jungs war der Wechsel nach Marquartstein eher ein harter Kompromiss. Sie wären lieber sich selbst überlassen geblieben. Zurückblickend erkennen sie heute allerdings an, dass das LSH neben Schatten- durchaus auch schöne Seiten hatte. Sie haben ein Verständnis für meine damals prekäre Lage entwickelt und sind sich einig darüber, dass ich in der Folge weniger gestresst war. Wenn sie an den freien Wochenenden mit dem Internatsbus nach Hause kamen, konnten wir unsere gemeinsame Zeit bewusst genießen. Es war fast wie zu den Zeiten, als wir unser „altes Umgangsrecht" mit den regelmäßigen Besuchszeiten praktizierten.

Beruflich war die Pullacher Zeit äußerst spannend. Aus nachvollziehbaren Gründen kann ich hier nicht im Detail darauf eingehen, was ich im Einzelnen zu tun hatte. Die Aufgabe war aber hochinteressant. Eine besondere Herausforderung war natürlich die Regelung der Kinderbetreuung während meiner Dienstreisen. Später, zu Internatszeiten waren es ja nur die Wochenenden, aber auch die mussten berücksichtigt werden. Mit Unterstützung der Familie und von Freunden war das aber jedes Mal zu meistern. Einmal, während einer Reise an die Elfenbeinküste, erhielt ich früh morgens einen Anruf meiner Mutter. Sie teilte mir völlig aufgelöst mit, dass mein Jüngster eigenmächtig abwesend war. Er war nicht, wie ausgemacht, vom Internat für das Wochenende nach Hause gekommen. Auch sein älterer Bruder konnte keinen Hinweis auf seinen Verbleib geben. Wie sich später herausstellte hatte er umdisponiert und war ohne jede Absprache zu einem Freund gefahren. Diese Situation machte mir deutlich, wie unersetzlich ich doch war. Aber in diesem Augenblick, in meinem Hotelzimmer in Abidjan, auch vollkommen machtlos.

In Pullach herrschte Aufbruchsstimmung. „Berlin, wir kommen", war die Parole, die seitens der Leitung stets verbreitet wurde. Seit meinem Dienstantritt war mit bewusst, dass, wenn auch bestimmt nicht pünktlich, der Umzug meiner Abteilung in die Hauptstadt bevorstand. Ebenso klar war mir, dass ich nicht mitgehen würde - nicht mitgehen konnte. Berlin erschien mir in meiner Situation, alleinerziehend mit zwei minderjährigen Kindern, als Wohnort denkbar ungeeignet. Meine Absicht war es, so lange wie möglich beim AMK zu bleiben und mich rechtzeitig um eine Alternative zu kümmern. Es lief gut, unser Leben. Ohne Not wollte ich nicht an den Stellschrauben drehen.

Erst ein offizielles Gespräch, in dessen Verlauf man mich für die Fortführung meiner Tätigkeit am neuen Dienstort Berlin zu begeistern versuchte, machte mir klar, dass es höchste Zeit war, sich zu kümmern. Ich bat um ein Personalgespräch bei meiner Personalstelle in Bonn. „Ich ziehe Ihnen die Zement-Schuhe bei nächster Gelegenheit aus", war der Kommentar meines P. auf meine Bitte, mich weiterhin im Großraum München oder in Oberbayern einzusetzen. Da war es wieder, das Unverständnis für meine Situation. Als ob es mir um Berge, Biergarten oder das Skifahren gegangen wäre. Dennoch erfuhr ich Gnade und durfte in München einen Dienstposten als Abteilungsleiter für Zivil-Militärische-Zusammenarbeit (ZMZ) in Bayern und Baden-Württemberg antreten. Das klingt spannender, als es dann tatsächlich war. Die Abteilung bestand aus zwei Stabsoffizieren und zwei Hauptfeldwebeln. ZMZ stünde für „Zechen mit Zivilisten", mit diesen Worten erklärte mir mein Vorgänger meine zukünftigen Aufgaben. Tatsächlich waren wir zuständig für Anfragen aus dem öffentlichen Bereich, wenn es um Amtshilfe durch die Bundeswehr ging. Die wurden geprüft und zur Umsetzung an militärische Dienststellen weitergegeben. Das spannendste Thema zur damaligen Zeit war die Prävention für den Fall einer absichtlichen Verseuchung mit Anthrax-Erregern. Wenn ich nur hierbleiben durfte, wäre meine Leidensbereitschaft grenzenlos - glaubte ich.

Tatsächlich war meine Zeit in der Münchener Bayernkaserne die schlimmste in meiner gesamten Bundeswehrzeit. Soviel emotionale Kälte habe ich nie zuvor und auch anschließend nicht wieder erfahren. Fast ausnahmslos alle, mit denen ich ins Gespräch kam, wollten so schnell wie möglich weg. Das ganze Arbeitsklima war derart vergiftet, dass meine Gesundheit schon bald darunter zu leiden begann. Der Job und die irrsinnige An- und Abfahrt - siebzig Kilometer jeden Morgen in den Münchener Norden und siebzig Kilometer abends wieder zurück nach Bad Tölz - waren die ausschlaggebenden Gründe, für meine dringende Bitte, nach einer möglichst schnellen Versetzung.

Anders als beim vorherigen Gespräch zeigte P. diesmal Verständnis für meine Situation. Er versprach mir, zeitnah einen anderen Dienstposten in der Münchener Umgebung für mich zu finden. Und in der Tat bekam ich wenig später das Angebot, als Inspektionschef an die Fürstenfeldbrucker Offizierschule wechseln zu dürfen. Glücklich darüber, dem Wehrbereichskommando entfliehen zu können, begann ich mit der Wohnungssuche. Ein Anruf wenige Tage später hielt eine böse Überraschung für mich bereit. „Es gibt Dinge, die macht man selbst im Personalwesen nicht", waren die einleitenden Worte von P. Offensichtlich hatte es eine inoffizielle Intervention rund um meine Versetzung gegeben. Die beteiligten Vorgesetzten im Wehrbereich und an der Offizierschule hatten sich gegen mich ausgesprochen. „Und gegen zwei Generale, die sich einig sind, sei man machtlos", war das abschließende Fazit. Nach einer kurzen Gesprächspause dann ein fast geflüstertes Angebot: „Ich gebe Ihnen eine Telefonnummer in Bonn. Dort rufen Sie an und vereinbaren einen Gesprächstermin. Gegenüber Ihren Vorgesetzten bewahren Sie unbedingt Stillschweigen!"

Zum ersten Mal während meiner Bundeswehrlaufbahn wurde eine Versetzung konspirativ vorbereitet. Schon wenige Tage später reiste ich zu einem Vorstellungsgespräch zur Deutschen Militärischen Verbindungsgruppe (DMVG) nach Bonn. Es war ein wirklich gutes Gespräch mit dem damaligen Leiter der Verbindungsgruppe an der amerikanischen Botschaft. Die Dienststelle kannte ich bereits aus meiner Pullacher Zeit. Eine Versetzung sollte zum nächstmöglichen Zeitpunkt zustande kommen. Die entsprechende schriftliche Verfügung wurde unverzüglich erstellt. Die Münchener Vorgesetzten waren überrumpelt und schäumten. Aber ich war weg.

15. Das Ende

Die letzte Dekade meiner Dienstzeit war angebrochen. Das wusste ich zum damaligen Zeitpunkt allerdings noch nicht. Hätte ich es gewusst, dann wäre vieles leichter zu ertragen gewesen.

Die komplexe Prozedur des Wohnortwechsels verliert ihren Schrecken, je häufiger man sie durchlebt hat. Wann immer ich meinen sesshaften Nachbarn oder Bekannten davon berichtet habe, wurde dies immer wieder mit ungläubigem Schaudern quittiert. Mein Hinweis auf dieses bundeswehrtypische Nomadentum vermag, auch heute noch, jede „Neid-Diskussion" bezüglich meiner - im Vergleich zur gesetzlichen Rente - üppigen Pension, im Keim zu ersticken. Für die meisten „Zivilisten" ist es einfach unvorstellbar, alle paar Jahre mit Sack und Pack umzuziehen. „Dreimal umziehen ist wie einmal abgebrannt". Wenn dieser Spruch zuträfe, dann hätte ich schon einige verheerende Großbrände miterlebt. Als Alternative zu diesem „Zigeunerleben" haben viele meiner Kameraden das Pendeln zwischen Dienst- und Wohnort favorisiert. Eine Option, die mir aus eigener Kindheit wohl vertraut war und um deren gravierende Nachteile ich aber nur allzu gut wusste. Außerdem war diese Variante in meiner Situation - aus nachvollziehbaren Gründen - vollkommen auszuschließen.

Die Jungs aber waren Feuer und Flamme, dass es quasi wieder in die alte Heimat und auch etwas näher zur Mutter gehen sollte. Vor allen Dingen würden wir, aller Voraussicht nach, wieder in einem gemeinsamen „Männerhaushalt" leben. Vorbei wäre also das harte Internatsleben. Ich selbst betrachtete die anstehende Veränderung mit gemischten Gefühlen. Auf der einen Seite war ich meinen „Peinigern" entronnen, musste jedoch auf der anderen Seite meine bayerische Wahlheimat aufgeben.

Heimat – das war ohnehin ein Begriff, mit dem ich lange Zeit nichts anfangen konnte. Ist das der Ort meiner Geburt oder eine Region, in der ich die meiste Zeit meines Lebens verbracht habe? Mir schien, dass es weder das eine noch das andere sein konnte. Mit meinem Geburtsort verbindet mich nicht mehr viel. Und auch die Verweildauer kann aus meiner Sicht kein Kriterium sein. Mittlerweile habe ich eine für mich akzeptable Antwort gefunden. Unter Heimat verstehe ich nicht den einen Ort. Sie ist kein einzigartiger Platz, den man aufgeben muss, bevor man sich woanders heimisch fühlen darf. Der Duden kennt nur eine Heimat, ich hingegen habe mehrere Orte kennengelernt, an denen ich mich heimisch fühle, weil sie das Element des Wohlfühlens verbindet. Ich habe mich im bayerischen Isarwinkel, im umbrischen Piana oder im südlichen Rheinland wohl- und daher auch heimisch gefühlt.

Routiniert absolvierte ich das Umzugsvorbereitungsprogramm. Ich fand eine schöne Wohnung und eine geeignete Schule. Die alte Wohnung wurde gekündigt, eine Spedition mit der Verpflanzung unseres Hausstandes beauftragt. Dann wurde es aber noch einmal spannend. Der Bauherr unseres neuen Wohnobjektes meldete Insolvenz an und unsere künftige Bleibe gefror im Rohbau-Stadium (auch das kam mir irgendwie bekannt vor). Erst zwei Wochen vor dem geplanten Umzug war eine Alternative gefunden. Ein kleines Reihenhaus, bezahlbar, fußläufig zu meiner neuen Dienststelle und zur Bushaltestelle. Manchmal muss man das Übel vorbeiziehen lassen und auf das warten, was sich in dessen Windschatten nähert.

Dienstlich war die neue Tätigkeit für mich ein Volltreffer. Ein multinationales und entspanntes, fast unmilitärisches Umfeld. Die Aufgabe hochinteressant und wohltuend anders als all das, womit ich zuvor befasst war. Leider kann ich aus Gründen der Geheimhaltung nicht näher auf meine Dienststelle und deren Auftrag eingehen, aber besser hätte ich es wirklich nicht treffen können. Ich wurde gut aufgenommen, hatte ein schönes Büro mit Blick auf den Rhein und eine Zulage zum Gehalt. Ein weiterer, nicht unwesentlicher Pluspunkt war, dass ich vom heimischen Küchentisch bis zu meinem Schreibtisch keine zehn Minuten unterwegs war. Von mir aus hätte mich mein Dienstherr hier bis zum Erreichen meines Pensionsalters vergessen können.

Familiär lief es auch entsprechend entspannt. Die Probleme reduzierten sich auf das Maß, das im Umgang mit pubertierenden Kindern so üblich war. Zu spät nach Hause kommen, Begegnungen mit dem anderen Geschlecht, punktuell unangemessene Alkoholdosierung, Taschengeld-Defizit – also alles normal. Die Nähe zur Kindesmutter brachte jedoch keine substanzielle Verbesserung der Betreuungssituation, aber hin und wieder ein freies Wochenende ohne die spannende Frage: "Was gibt's heute Abend zu essen?" Kurzum, wir fühlten uns alle wohl in Bonn.

Vier gute Jahre gingen ins Land und ich begann daran zu glauben, dass man mich tatsächlich vergessen haben könnte. Und genau dann, wenn man am wenigsten damit rechnet, schlägt er wieder zu – der P. Es war wieder eines von diesen Telefonaten, die einen für den restlichen Arbeitstag zur Unproduktivität verdammen. Es war wieder die Rede von „Verwendungsaufbau" und dass, „wenn ich ein Fußballspieler wäre, ein Transfer unabwendbar sei". Wo lernt man nur solche Sprüche? Welche Karriereerwartung sollte ich mit knapp fünfzig Lebensjahren noch haben? Veränderung als Methode, auch wenn es keinem höheren Zweck mehr dienen konnte. Ich sollte mich, so ermunterte er mich, um eine erneute Einstellung beim Amt für Militärkunde bemühen.

Während einer Dienstreise nach Madrid erhielt ich bei einer EU-Behörde überraschend ein Stellenangebot für den Dienstposten als Ausbildungsleiter (Head of Training-Division). Das war natürlich eine tolle Sache und gedanklich war ich schon wieder auf Wohnungssuche. Wie würde sich ein Job in der spanischen Hauptstadt mit der finalen Schulausbildung meiner Jungs vereinbaren lassen? Für eine Tätigkeit bei der EU müsste ich mich von der Bundeswehr beurlauben lassen. Würde mein Dienstherr da mitspielen? Wie würde das mit meinen Pensionsansprüchen und der Krankenversicherung laufen? Die Gedanken schwirrten vollkommen unsortiert in meinem Kopf.

Auch zuhause überschlugen sich die Ereignisse. Vollkommen überraschend verstarb meine Mutter, und die Nachlassregelung wurde zu einer ebenso aufwändigen wie unerfreulichen Angelegenheit. Unser Reihenhaus in Bonn drohte wegen eines Wasserschadens unbewohnbar zu werden. Der Vermieter zeigte sich von dieser Entwicklung unbeeindruckt und blieb untätig. Der einzige Ausweg war die sofortige Kündigung und ein Umzug in die Eigentumswohnung meiner verstorbenen Mutter. Den musst ich natürlich in Eigenregie durchführen. Mitten hinein in dieses Chaos platzte noch die Einladung zu einem Bewerbungsgespräch beim AMK in München. Ich musste dringend Ordnung in mein Leben bringen.

Der Herbst 2007 wird mir wohl zeitlebens in düsterer Erinnerung bleiben. Zwei Jobangebote – eins in Madrid, das andere in München, ein Rechtsstreit mit dem Vermieter der unbewohnbaren Wohnung, ein zusätzlicher Umzug und die noch nicht abgeschlossene Nachlassregelung, das war einfach zu viel. Wie nicht anders zu erwarten war, litt auch meine Gesundheit unter diesem Druck. Schweren Herzens wies ich das Stellenangebot in Madrid zurück und sagte in München zu.

Aber genau dann, wenn ich der festen Überzeugung war, dass die Talsohle erreicht sei und es von nun an nur noch aufwärts gehen könne, taten sich weitere Abgründe auf. Nach einer einvernehmlichen Entscheidung für den Wiedereinstieg beim AMK folgte eine wahrlich finstere Episode meiner Dienstzeit.

Alles schien geregelt, und es wurde nur noch über das genaue Datum meines Dienstantritts verhandelt. Da schlug die knappe Mitteilung, dass eine Versetzung nun doch nicht zustande kommen würde, ein wie eine Granate. Aus gesundheitlichen Gründen sei ich für eine Tätigkeit beim AMK nicht geeignet. Ich war wie vor den Kopf gestoßen und stand buchstäblich vor den Trümmern meiner beruflichen Zukunft.

Was war passiert? Ein sogenannter „Beratender Arzt" im Ministerium hatte entschieden, dass mir die erforderlichen „gesundheitlichen Voraussetzungen" für die Aufnahme der „sicherheitsempfindlichen Tätigkeit" fehlen würden. Die Entscheidung erfolgte nach Aktenlage, die Mühe einer persönlichen Begutachtung - die in diesem Fall obligatorisch gewesen wäre - machte sich der Gutachter nicht. Es waren frühere Einträge in meiner Gesundheitsakte, die mich abqualifizierten. Tatsächlich konnte ich aber einen ganz profanen Grund für die überraschende Absage ermitteln. Die Stelle, für deren Besetzung ich vorgesehen war, wurde kurzfristig für eine AMK-interne Umgruppierung benötigt. Und nachdem ich alle Aufnahmeprozeduren bereits erfolgreich durchlaufen hatte, wurde einfach die „medizinische Notbremse" gezogen. Mit meiner schriftlichen Beschwerde habe ich allerdings viel Staub aufgewirbelt. Offensichtlich verursachte mein Aufbegehren gegen eine ministerielle Entscheidung einigen Herren erhebliche Bauchschmerzen. Mehr als einmal wurde ich „kameradschaftlich" darauf hingewiesen, dass mein Vorgehen sich unmittelbar gegen den Minister selbst richten würde, und ich möge diesen Schritt noch einmal überdenken. Allerdings war mir wohl bewusst, dass ich nun wirklich ganz unten angekommen war und aus diesem Grund eigentlich nichts mehr zu verlieren hatte. Mein aktueller Dienststellenleiter wollte mich schnellstmöglich loswerden, weil ich in seiner Wahrnehmung schließlich den Wunsch geäußert hätte, wegzuwollen: Reisende wolle er nicht aufhalten. Ein attraktives Jobangebot hatte ich abgelehnt für einen Dienstposten, für den ich angeblich gesundheitlich nicht geeignet war. Ja und P., der den Stein ja ins Rollen gebracht hatte, war von dieser Entwicklung ebenso überrumpelt und ging erst einmal auf Tauchstation.

Und ich? Ich hatte keine Ahnung, wie es weitergehen sollte. Nach einer kurzen Phase der Besinnung äußerte ich den vermeintlich simplen Wunsch, da zu bleiben, wo ich war. Lasst uns so tun, als wäre nichts geschehen und die Wirren der vergangenen Monate einfach vergessen.

Inmitten dieses Chaos übernahm nun ein neuer P. meine Personalakte und begab sich schwungvoll an meine „Karriereplanung". Zunächst erteilte er meinem Wunsch nach einem Verbleib eine kategorische Absage und erneuerte den unerschütterlichen Willen der Personalführung, an meiner Veränderung festzuhalten. Da war sie wieder: die Veränderung als Methode. Nach wie vor mangelte es jedoch an einem Sinn stiftenden Anlass, mich dringend versetzen zu wollen. Zudem fehlte neben meiner Bereitschaft auch noch eine Winzigkeit. Es gab keinen Dienstposten, den ich künftig ausfüllen sollte. Es war mir völlig klar, dass mittlerweile eine hektische Suche nach freien Stellen eingesetzt haben musste. Es war einfach offensichtlich, dass P. buchstäblich „der Kittel brannte". Mit dem ersten Personalgespräch war ein Mechanismus in Gang gesetzt worden, der nun, ein Jahr später, außer Kontrolle geraten war.

Zunächst trat allerdings vollkommene Stille ein. Ein halbes Jahr lang hörte ich nichts mehr, und ganz langsam wuchs in mir die Hoffnung, dass man mich nun doch in Ruhe lassen würde. Dann aber ging es Schlag auf Schlag. Es hatte fast etwas Rituelles. Ich bekam eine schriftliche Versetzungsankündigung, auf die ich gleichfalls schriftlich reagierte. Einmal war es eine Dozententätigkeit am „Zentrum für Innere Führung", für die mir die fachliche Qualifikation fehlte (die eigene Interessenlage erwähnte ich nicht mehr). Ein anderes Mal ein Dienstposten in einer Kölner Behörde, der, wie sich herausstellte, weder vakant noch besetzbar war. Dieses Spiel wiederholte sich in den folgenden Wochen mehrfach. Ich erhielt eine Planungsabsicht, widersprach und die Verfügung wurde wieder zurückgenommen. Im Gegenzug wurden meine eigenen Vorschläge kategorisch abgelehnt. Kurz vor Jahresende meldete sich P. telefonisch bei mir und unterbreitete mir einen Vorschlag. Es gäbe einen Dienstposten in Köln, der zwei Jahre später wegfallen würde. Dieser stünde wegen der Unterschreitung der „minimalen Verwendungsdauer" von drei Jahren für eine reguläre Versetzung nicht mehr zur Verfügung. Aber P. müsste ihn dennoch dringend besetzen. Sollte ich ihm in dieser Angelegenheit helfen und kurzfristig einspringen, würde er mich anschließend „meinen Wünschen entsprechend unterbringen". P. und ich, wir kannten uns von früher - auch privat. So sagte ich zu, ging nach Köln, versah einen freudlosen Dienst und wurde vergessen.

Fünfundzwanzig Monate gingen ins Land und ich saß mittlerweile auf einem „Dienstpostenähnlichen Konstrukt (DPäK)". Auf diesem äußerst unbequemen Kunstgebilde sitzt man bei der Bundeswehr immer dann, wenn die bisherige Stelle weg und eine neue noch nicht in Sicht ist. Und da „DPäK-Sitzer" den Etat außer der Reihe belasten, sind sie teuer. Folglich wird wirklich alles unternommen, um sie schnellstmöglich wieder regulär unterzubringen. P. (es war mittlerweile der dritte, der sich um meinen Fall „kümmerte") versuchte erneut, mir einen „Deal" schmackhaft zu machen. Für wiederum zwei Jahre sollte ich nach Mayen (nahe Koblenz) pendeln, um dann erneut nach Köln zurückkehren zu dürfen. Zweihundert Kilometer täglich pendeln, mit der Aussicht auf einen Dienstposten, der ebenfalls gestrichen werden sollte. Mein Radiowecker spielte „I Got You Babe", wie in dem Film „Und täglich grüßt das Murmeltier". Ich lehnte ab. Kurz darauf ein Stellenangebot, für das ein Pädagogik-Studium Voraussetzung war. Ich lehnte ab. Den vorläufigen Schlusspunkt markierte eine Stelle im Ministerium, die fundierte Kenntnisse im Bereich des Großprojektes SASPF erforderte. Ich änderte meine Strategie und rief diesmal nicht P. sondern meinen zukünftigen Vorgesetzten an. In diesem Gespräch offenbarte ich mich schonungslos als unbeschriebenes Blatt und daher völlig ungeeignet für die beschriebene Aufgabe. Dieser Todesstoß eines jeden Bewerbungsgesprächs entband mich in der Folge von weiteren Aktionen.

Als mich P. einige Wochen später anrief und mir einen Dienstposten in der Medienzentrale der Bundeswehr in Aussicht stellte, wirkte er fast schon ein wenig lustlos. Ich sagte zu, mir die Dienststelle in Sankt Augustin bei Bonn einmal anzusehen.

Bei einem Ortstermin offenbarte sich ein mir völlig unbekanntes dienstliches Umfeld. Eine Aufgabe im Bereich der medialen Repräsentanz der Bundeswehr zu übernehmen erschien mir als äußerst reizvolle Herausforderung. Den warnenden Hinweis des amtierenden Dienststellenleiters, „dass die soziale Gemengelage durchaus das Potenzial einer Schlangengrube berge", überhörte ich geflissentlich. Ich war bereit, meine letzten Dienstjahre als Dezernatsleiter „Nachwuchswerbung und Jugendmarketing" zu verbringen. Nach diesem spontanen Entschluss, der P. bis ins Mark beglückte, hörte ich erstmals kurz nach meinem Dienstantritt von Plänen, die eine Auflösung der Medienzentrale am Standort Sankt Augustin sowie die Verlagerung der Aufgaben nach Strausberg bei Berlin vorsahen. Allzu gern ließ ich mich von meinem Amtsleiter beruhigen, der anlässlich meines Antrittsbesuches diesen Plan in das Reich der Gerüchte und Spekulation verwies.

Wenige Monate später - ich hatte die mehrheitlich zivilen Mitarbeiterinnen und Mitarbeiter gerade kennengelernt, mich mit den vielschichtigen Aufgaben in meinem Dezernat vertraut gemacht und mein Büro eingerichtet - da wurde es offiziell. Die Medienzentrale der Bundeswehr würde aufgelöst und deren Aufgaben an das „Zentrum Informationsarbeit" in Strausberg abgegeben. Da war es wieder: „I Got You Babe!"

War ich mittlerweile abgestumpft? Es berührte mich kaum noch, dass ich mal wieder in einer Seifenblase saß, die zu einem absehbaren Termin platzen würde. Es gab keine Perspektive zum Verbleib in dieser eigentlich interessanten Einrichtung. Ich hatte sogar begonnen, mich hier ein wenig wohl zu fühlen. Wer hatte für mein Berufsleben das Drehbuch geschrieben und wer führte hier Regie?

Meine weiteren Aufgabenschwerpunkte waren dann auch weniger gestalterischer Natur, sondern beschränkten sich auf das „Abwickeln". Das Personal der Medienzentrale sollte entweder in die neuen Strukturen überführt oder anderweitig untergebracht werden. Das umfangreiche Material war zu katalogisieren und an die neuen Bedarfsträger weiterzuleiten. Und für mich gab es mal wieder ein Stichdatum, zu dem ich erneut ohne Dienstposten sein sollte.

Mitten in der Auflösungstristesse erreicht mich die Information, dass sich ein neues Gesetz im Abstimmungsprozess befinden würde, das der „Verschlankung des Personalkörpers Bundeswehr" dienen sollte. Vielleicht eine Chance für mich? P. war in der letzten Zeit beunruhigend ruhig gewesen - keine Anrufe, keine weiteren Stellenangebote. Ein Kollege aus dem Nachbarbüro wusste es als Erster. Das „Streitkräfte-Personalstruktur-Anpassungsgesetz" war verabschiedet und im Bundesgesetzblatt veröffentlicht worden. Zwei Tage später war meine schriftliche Interessenbekundung an P. in der Post.

16. Die Bilanz

Vor sieben Jahren habe ich die Bundeswehr verlassen. Die ersten vier Jahre „danach" war ich noch als freier Autor für die „infopost", das Jugendmagazin der Nachwuchswerbung, tätig. Insgesamt zwölf Beiträge zu den unterschiedlichsten Dienstbereichen der Bundeswehr sind aus meiner Feder geflossen und veröffentlicht worden. Das Autorenhonorar war für mich dabei nebensächlich. Mir lag insbesondere daran, den Kontakt zur Truppe noch ein wenig aufrecht zu erhalten, damit die Trennung nicht allzu abrupt vollzogen würde.

Die Gespräche mit den jungen Soldatinnen und Soldaten haben mir auf der einen Seite viel Freude bereitet. Andererseits erfuhr ich in den häufig vertraulichen Gesprächen einiges, das mich nachdenklich machte. Insbesondere die „Vereinbarkeit von Familie und Beruf" war ein Thema, das viele meiner Protagonisten beschäftigte. Das kam mir doch sehr bekannt vor. Offensichtlich hatte sich in diesem so wichtigen Bereich nicht viel verändert. Die sogenannte „Work-Life-Balance" wurde zwar als wesentliches Element einer Kampagne erkannt, um den Dienst in der Bundeswehr attraktiver zu machen. Ein durchschlagender Erfolg ist allerdings bislang wohl ausgeblieben. „Es ist halt kein Beruf, wie jeder andere", hörte ich oft als Antwort. Das ist richtig, nur macht auch hier die Dosis das Gift.

Die Öffnung der Bundeswehr für Frauen hat grundsätzlich viel Positives bewirkt. Allein der Umstand, dass es nicht mehr ungehörig wirkt, wenn man gelegentlich die Interessen der Familie den dienstlichen Belangen überordnet, kann schon als Erfolg gewertet werden. Ich hätte mir damals gewünscht, Frauen in der Funktion als Vorgesetzte oder Personalverantwortliche erleben und ihnen meine Probleme vortragen zu dürfen. Vermutlich hätte ich mehr Gehör gefunden. Ich bin davon überzeugt, dass eine „weiblichere" Bundeswehr - und das ist definitiv nicht sexistisch gemeint - auch weniger Nachwuchssorgen hätte.

Die Aussetzung der Wehrpflicht im Jahr 2011 - die ich nach wie vor für richtig halte - hatte eine unangenehme Nebenwirkung. Mit dem Wehrdienst, der zuletzt etwa 70.000 junge Männer jährlich in die Bundeswehr führte, schwand auch wichtiges „Insiderwissen". Wie es in den Streitkräften aussah und was die so trieben, war ein kostenfrei vertriebenes Allgemeinwissen. Das fehlt heute. Um zu vermeiden, dass die Bundeswehr nur durch negative Schlagzeilen in der Presse öffentlich wahrgenommen wird, muss heute ein hoher, finanzieller Aufwand betrieben werden. Und dennoch weiß man generell wenig über die Truppe. Als Reservist habe ich vor Jahren angeregt, die „infopost" nicht nur für jugendliche Leser auszulegen, sondern auch einem größeren, altersunabhängigen Interessentenkreis zugänglich zu machen. Dieser Gedanke wurde interessiert aufgenommen, aber nicht weiter verfolgt.

Seit drei Jahren schreibe ich nicht mehr für das Jugendmarketing. Mein Wissensstand über die Bundeswehr entspricht dem eines „normalen" Bürgers. Meine aktive Zeit erscheint mir wie eine Episode aus grauer Vorzeit. Ehemaligen-Treffen, zu denen ich gelegentlich eingeladen werde, sind mir eher ein Gräuel. Ich bin dankbar für jeden Grund, eine Teilnahme absagen zu können. Kurzum, mit der Bundeswehr verbindet mich - mit Ausnahme von Beihilfe- und Gebührniswesen - eigentlich nichts mehr. Und dennoch, wenn ich mit ehemaligen Kameraden, die ich heute zu meinen Freunden zähle, über die alten Zeiten rede, dann geraten wir manchmal ins Schwärmen. Gelegentlich lassen wir uns sogar zu der Einschätzung hinreißen, dass früher alles nicht nur anders, sondern auch besser gewesen ist. Selbstverständlich weiß ich, dass der weichzeichnende Blick zurück kein realistisches Bild liefern kann. Aber er kann zu einer gnädigen Bilanz verhelfen.

Ich habe mir viel Zeit genommen, um mein Leben mit und in der Bundeswehr noch einmal Revue passieren zu lassen. Die Antwort auf die Frage, ob ich damals die richtige Berufswahl getroffen habe, lässt sich nicht „aus der Hüfte" beantworten. Die Möglichkeit, unter Umständen mit einem erschreckenden Ergebnis konfrontiert zu werden, erfordert ein behutsames Vorgehen.

Als ich die Bundeswehr vor acht Jahren verließ, wollte sich einfach kein Abschiedsschmerz einstellen. Daraus den Schluss zu ziehen, dass es falsch war, sich als Zeitsoldat zu verpflichten, erscheint mir unzulässig. Ich stehe auch heute noch zu dieser Entscheidung. Unter den damaligen Rahmenbedingungen war sie richtig.

Die später eingegangenen Kompromisse sehe ich allerdings kritischer. Meine Entscheidung, die Wahrung der Selbstständigkeit einer unbeirrten Verfolgung des ursprünglichen Berufswunsches vorzuziehen, würde heute vermutlich anders ausfallen. Aber mit dem Wissensvorsprung des Alters eine frühere Entscheidung in der Jugend revidieren zu wollen, ist müßig.

Die Erkenntnis, damals eventuell falsch entschieden zu haben, führt nicht zwangsläufig zu der Einschätzung, dass mein gesamtes berufliches Leben nur vergeudete Lebenszeit gewesen sein könnte. Das war es auf gar keinen Fall. Für die verschiedenen Phasen meiner Dienstzeit komme ich in der Rückschau auch zu jeweils unterschiedlichen Ergebnissen.

Der Anteil, der sich zu Zeiten des sogenannten „Kalten Krieges" abgespielt hat, gehörte mit Sicherheit zu den anstrengenden dienstlichen Kapiteln. Aber, diese Phase war gekennzeichnet durch klar definierte Rahmenbedingungen, die eine große Handlungssicherheit boten. Die neue sicherheitspolitische Ausrichtung nach der „Wende" vermochte kein vergleichbares Koordinatensystem zu erschaffen. Die Neuausrichtung der Bundeswehr mit ihren unzähligen Projekten zur Strukturanpassung haben nicht das gewohnte Maß an Orientierung vermitteln können.

Die schönste Zeit, die ich dienstlich erleben durfte, waren eindeutig die Jahre als Staffelchef. Es war eine Erfahrung von Verantwortung, gestalterischem Wirken und Gemeinschaft, die mir unvergesslich bleiben wird. Ich hatte das große Glück, mit Menschen - Vorgesetzten wie Untergebenen - zusammenarbeiten zu dürfen, die ein ähnliches Verständnis unseres gemeinsamen Auftrags hatten. In keinem anderen Beruf - das ist meine feste Überzeugung - hätte ich Vergleichbares erleben können.

Der Rückblick auf das letzte Drittel meiner Dienstzeit hinterlässt ein Wechselbad der Gefühle. Die Tätigkeiten als Analyst in Pullach, als Leiter Stabsgruppe in Bonn und auch als Dezernatsleiter Nachwuchswerbung in Sankt Augustin waren fachlich anspruchsvoll und interessant. Auch das menschliche Umfeld stimmte - wenngleich es auch qualitativ nicht an das meiner Chefzeit herankommen konnte. Die Dienstposten hingegen, die mir quasi aufgezwungen worden sind, gehören ausnahmslos zu den negativ konnotierten Episoden meiner beruflichen Vita. Mit meiner Zeit in den Kommandobehörden in München und Köln verbinde ich keine schönen Erinnerungen.

Sicher, nach dem Zuzug meiner Kinder hatten sich die persönlichen Rahmenbedingungen verschärft. Aber dieser Umstand allein hätte einer Arbeitsfreude nicht zwangsläufig im Wege stehen müssen. Es war letztendlich ein Mangel an Empathie, der mich viel Lebensenergie gekostet hat und meine Dienstzeit eher qualvoll enden ließ. Die „Unvereinbarkeit von Familie und Beruf" war der Auslöser für meine „innere Kündigung".

Ich war noch aktiver Soldat, als sich meine Söhne mit der Auswahl eines künftigen Berufs beschäftigten. Selbstverständlich haben sie mich gefragt, was ich davon hielte, wenn sie die Offizierlaufbahn einschlagen würden. Sicher, ich hatte eine Meinung dazu, aber ich habe die Jungs weder ermuntert das zu tun, noch habe ich ihnen davon abgeraten. Grundsätzlich habe ich mich auf den Standpunkt zurückgezogen, dass die Berufswahl eine derart elementare Entscheidung ist, dass sich jedwede Einflussnahme verbietet. Als sie aber beide aus medizinischen Gründen ausgemustert wurden, war ich irgendwie erleichtert. Eine rationale Erklärung dafür muss ich schuldig bleiben.

Mit einem distanzierten Blick zurück, auf meine Zeit bei der Bundeswehr, ist mein Fazit nun doch ziemlich eindeutig. Ich war gerne Soldat und halte den Soldatenberuf für mehr als nur eine Alternative zu einem zivilen Beruf. Gedankenspiele unter dem Motto: „Was wäre wenn", habe ich bereits vor vielen Jahren aufgegeben. Unter den Rahmenbedingungen der späten Siebzigerjahre des vergangenen Jahrhunderts und mit meinem damaligen Kenntnisstand - also nichts von dem zu wissen, was ich heute weiß - würde ich vermutlich dieselbe Entscheidung erneut treffen. Es gibt also nichts, was ich zu bereuen hätte.

Mein Lebensweg - und damit auch meine Berufswahl - hat mich genau dahin geführt, wo ich heute bin. Das ist gut und dafür bin ich dankbar.

Zeitfracht Medien GmbH
Ferdinand-Jühlke-Straße 7
99095 Erfurt, Deutschland
produktsicherheit@kolibri360.de